Nuestra Vida Católica

UNA GUÍA DE LECTURA Y DE ESTUDIO PARA **LA FORMACIÓN RELIGIOSA DE ADULTOS**

6

✣ **LOS MANDAMIENTOS** ✣

VIVIR LOS MANDAMIENTOS

Bill Huebsch

twentythirdpublications.com

IMPRIMATUR

✠ Most Reverend Joseph R. Binzer
Auxiliary Bishop
Archdiocese of Cincinnati
July 1, 2016

The *Imprimatur* ("Permission to Publish") is a declaration that a book or pamphlet is considered to be free of doctrinal or moral error. It is not implied that those who have granted the *Imprimatur* agree with the contents, opinions, or statements expressed.

TWENTY-THIRD PUBLICATIONS
1 Montauk Avenue, Suite 200, New London, CT 06320
(860) 437-3012 » (800) 321-0411 » www.twentythirdpublications.com

© Copyright 2016 Bill Huebsch. All rights reserved.
No part of this publication may be reproduced in any manner without prior written permission of the publisher. Write to the Permissions Editor.

ISBN: 978-1-62785-207-4
Library of Congress Catalog Card Number: 2016939670
Printed in the U.S.A.

Contenido

Sesión Uno
**NO TENDRÁS DIOSES AJENOS:
1ERO Y 2NDO MANDAMIENTOS**
PÁGINA 7

Sesión Dos
**SANTIFICAR EL DÍA DEL SEÑOR:
3ER MANDAMIENTO**
PÁGINA 17

Sesión Tres
**HONRAR A NUESTROS PADRES:
4TO MANDAMIENTO**
PÁGINA 26

Sesión Cuatro
NO MATARÁS: 5TO MANDAMIENTO
PÁGINA 36

Sesión Cinco
**LLAMADO A LA CASTIDAD:
6TO Y 9NO MANDAMIENTOS**
PÁGINA 49

Sesión Seis
**POSESIONES, CODICIA, Y GENEROSIDAD:
7MO Y 10MO MANDAMIENTOS**
PÁGINA 60

Sesión Siete
HONESTIDAD: 8VO MANDAMIENTO
PÁGINA 71

Cómo utilizar esta Guía de Estudio en siete sesiones de grupos pequeños

Reunir. Según la gente vaya llegando para cada sesión, deles la bienvenida amablemente y ofrézcales refrescos. Es posible que usted desee tocar música sagrada para ambientar la reunión. Si las personas no se conocen entre sí, el uso de etiquetas de nombre puede ayudar a romper el hielo. Cuando todos hayan llegado, reúna a su grupo e invítelos a abrir sus folletos para discutir el material del día de hoy.

Comenzar con una oración de Lectio Divina. Cada sesión comienza con una reflexión corta y acompañada de una oración sobre un texto bíblico que se encuentra en esa sección del *Catecismo*. Estos son los pasos:

1. Comience con la Señal de la Cruz.
2. Lea en voz alta la introducción para esta sesión.
3. Llame a todos a la oración usando estas palabras o palabras parecidas: *Dirijamos nuestros corazones ahora hacia Cristo y escuchemos la Palabra de Dios.*
4. Invite a un miembro del grupo a proclamar la Escritura que le presentamos.
5. Invite a los miembros de su grupo a compartir sobre el texto, primero en grupos de dos o de tres si así lo desea, y luego como grupo completo. Compartir: *¿Qué palabra o frase de esta lectura le llamó la atención? ¿Qué nos está diciendo Dios en este texto bíblico?*

6. Ahora ore con estas palabras o con palabras parecidas:

   Oh Dios, sabemos que estás con nosotros y que contemplas todo lo que estamos por hacer. Concédenos que, por el poder del Espíritu Santo, podamos ser fieles al estudiar nuestra fe y caritativos en la forma de tratarnos unos a otros. Por Cristo, nuestro Señor. Amén.

Leer. Yendo alrededor del círculo de su grupo y rotando los lectores, lean en voz alta cada declaración enumerada de fe. Los miembros del grupo deberán anotar los elementos del material que les parezcan de especial importancia. No lea en voz alta las declaraciones de **Creemos**. Tales declaraciones son proporcionadas como un refuerzo del texto.

Proceso de grupo o personal. Cuando llegue a las notas del proceso, haga una pausa para luego continuar alrededor del círculo comentando, según las notas indiquen. Utilice nuestras sugerencias como punto de partida y añada sus propias preguntas, oraciones, o planes de acción.

Finalizar. Al concluir esta sesión, llame a todos a la oración una vez más. Vuelva a leer el texto bíblico que se utilizó al principio. Luego vaya alrededor del círculo una vez más para compartir: *A la luz de esta lectura y de lo que hemos aprendido hoy, ¿qué lo ha conmovido más profundamente? ¿Qué nueva perspectiva de fe se llevará con usted? ¿Qué nuevas preguntas acerca de la fe han surgido para usted? ¿Cómo la discusión del día de hoy penetrará su vida diaria?* Concluya la sesión con la oración que proveemos o dirija una oración espontánea en la que todos compartan su propia oración.

Sesión Uno

No Tendrás Dioses Ajenos: 1ero y 2ndo Mandamientos

BASADO EN LOS ARTÍCULOS 2083-2132 AND 2142-2159 DEL *CATECISMO DE LA IGLESIA CATÓLICA*. PARA LEER UN RESUMEN DE ESTA SECCIÓN, CONSULTE LOS ARTÍCULOS 2133-2141 Y 2160-2167 DEL *CATECISMO*.

Introducción

El primer mandamiento nos llama a creer en Dios, a tener esperanza en Dios y a amar a Dios sobre todas las cosas. El ateísmo, ya que rechaza o niega la existencia de Dios, es un pecado contra el primer mandamiento. El segundo mandamiento prescribe respetar el nombre del Señor. El nombre del Señor es santo. El segundo mandamiento prohíbe todo uso indebido del nombre de Dios. La blasfemia es el uso del nombre de Dios, de Jesucristo, de la Virgen María y de los santos de una manera ofensiva.

Sagrada Escritura

Lector: Lectura del Libro del Deuteronomio

Escucha, Israel: El Señor, nuestro Dios, es el único Señor. Amarás al Señor tu Dios con todo tu corazón, y con toda tu alma y con todas tus fuerzas. Grábate en el corazón estas palabras que hoy te mando. Incúlcaselas continuamente a tus hijos. Háblales de ellas cuando estés en tu casa y cuando vayas por el camino, cuando te acuestes y cuando te levantes. Átalas a tus manos como un signo; llévalas en tu frente como una marca; escríbelas en los postes de tu casa y en los portones de tus ciudades. (**Deuteronomio 6:4-9**)

Lector: Palabra de Dios

Todos: Te alabamos, Señor

PARTE I ✛ **LOS ARTÍCULOS 2083-2109 DEL** *CATECISMO*

El Señor, tu Dios

[1] Dios nos ama. Esta creencia sencilla es la base de todo nuestro código moral. Es la base de todo lo que creemos acerca de Jesucristo y de su presencia en medio de nosotros: el Emmanuel. Jesús nos enseñó que debemos responder al amor insistente e incondicional de Dios amando a Dios con todo nuestro corazón, con toda nuestra alma, con toda nuestra mente y con toda nuestra fuerza.

[2] Así Jesús se hizo eco de la enseñanza de nuestros antepasados en la fe. El primer mandamiento refleja este amor divino al decir, Yo soy el Señor tu Dios que te ha sacado del país de Egipto, de la casa de servidumbre. Te liberé. Eres libre de ser fiel. Te he amado con un amor imperecedero.

[3] Nunca vayas tras otros dioses falsos que no pueden liberarte, nunca hagas imágenes de ídolos ni escojas un camino que no te conduzca a mí. Así dice el texto tradicional: "Yo soy el Señor, tu Dios. No tendrás otro Dios fuera de mí".

[4] Nuestra vocación y nuestro destino es estar con Dios, que es nuestro Creador. Dios nos llama a encontrarnos a nosotros mismos en su corazón divino, pues hemos sido creados a imagen de Dios. Los dioses falsos nos engañan y nos sacan fuera de nosotros mismos, pues no hemos sido creados a imagen de ellos.

[5] El primer mandamiento nos conduce a la fe para corresponder a la presencia poderosa de Dios; nos conduce a la esperanza para corresponder a las obras de Dios; y nos conduce al amor para corresponder al amor de Dios.

Creemos

El primer mandamiento nos llama a creer en Dios, a tener esperanza en Dios, y a amar a Dios sobre todas las cosas. También nos llama a rechazar a los dioses falsos, a evitar la superstición, y a cultivar una fe viva.

La caridad

[6] Estamos llamados a amar a Dios y al prójimo. Debemos de evitar ser indiferentes con los demás, y sobre todo, ser indiferentes con Dios. Debemos cultivar la gratitud en nuestro corazón, así como el entusiasmo por nuestra fe, y tratar de evitar la pereza, la cual nos hace pensar que siempre tendremos fe aunque "descansemos de ella" por un tiempo.

La esperanza

[7] Estamos llamados a esperar en Dios. Debemos esperar que Dios nos bendiga y que nos guíe amorosamente por el camino divino. La desesperación es lo opuesto a la esperanza, pues hace que dejemos de esperar en el amor de Dios, en su perdón y en su misericordia. La presunción es también peligrosa porque nos conduce a pensar que nuestras propias capacidades y talentos son suficientes o que no necesitamos arrepentirnos para ser perdonados.

La fe

[8] Estamos llamados a creer en Dios. Debemos alimentar nuestra fe y rechazar lo que se le oponga. No debemos dudar de lo que Dios nos ha revelado, y debemos rezar para tener entendimiento y para tener una fe más profunda. La duda puede conducirnos a una ceguera espiritual.

[9] Tampoco debemos ser ignorantes acerca de nuestra fe al rechazar voluntariamente conocerla más o al menospreciar su profundidad y hermosura.

Los actos religiosos

[10] Adoramos a Dios porque Él es el Amor Divino, y nos rendimos ante este amor para dejar que llene nuestra vida. Le rezamos a Dios en acción de gracias y en súplica, no porque Dios no nos oiga, sino porque el Espíritu eleva nuestros corazones en oración.

[11] Adorar a Dios es el primer paso en nuestro camino de morir y resucitar, con nuestro corazón fijo en la santidad. Le prometemos a Dios nuestra vida, en el bautismo y en la confirmación, en el matrimonio y en el orden, y cuando entramos en la vida religiosa. También podemos prometer dar limosnas y orar.

La libertad religiosa

[12] Los cristianos están llamados a ser la luz del mundo y a compartir la Buena Nueva del amor de Dios con todos los hombres y con todas las mujeres de todos los tiempos. Debido a que creemos que nuestro destino humano se cumple en nuestra búsqueda y conocimiento de Dios, deseamos compartir esto con todo el mundo.

[13] Pero sin embargo, también creemos que es correcto y apropiado tener un respeto sincero por las diferentes religiones, que con frecuencia reflejan un destello de verdad que ilumina al mundo. Estamos llamados a actuar con caridad hacia aquellas personas que no comparten nuestra fe, como nos recuerda el artículo 2104 del Catecismo. Todos los hombres y todas las mujeres son libres de seguir sus propias convicciones y los gobiernos deben asegurar esa libertad.

Proceso de grupo o personal

- ¿Cómo las enseñanzas de Jesús hacen eco de este mandamiento y de los textos bíblicos en los que se basa? ¿Qué enseñó Jesús que se parece a esto?

- ¿Por qué "adoramos" a Dios? ¿Qué significa hacer eso? ¿Cómo se hace?

- Tome una pausa y considere las formas como Dios ha tocado su vida, como le ha dado poder, como lo ha llamado, como le ha dado dones, y como lo ha amado. ¿Cómo causa esto que usted esté asombrado de Dios?

PARTE 2 ✛ **LOS ARTÍCULOS 2110-2132 DEL *CATECISMO***

Los dioses falsos

[14] Hay muchas clases de dioses falsos y muchas expresiones de fe que son falsas. El primer mandamiento prohíbe ambas cosas. Primero, la superstición es atribuir a ciertas prácticas mágicas el resultado de nuestras acciones u oraciones. Cuando creemos que algunas acciones externas nuestras pueden traernos los resultados que queremos, hemos caído en la superstición.

[15] Segundo, la idolatría es creer en las divinidades de las cosas materiales, como el oro y la plata. Esto no se refiere tanto a la creencia en otros dioses, sino en el forjarnos en la mente un dios, de lo que no es Dios.

[16] Pudiera ser el dinero, la fama, el poder, el placer, una ideología, unas personas, el gobierno civil o aun la religión misma. Tenemos muchos posibles ídolos, y debemos ser vigilantes de honrar a un solo Dios. Tercero, todos tenemos curiosidad por saber qué nos traerá el futuro.

[17] Pero si nos entregamos a alguna práctica para "desvelar" el futuro, dejamos de poner nuestra confianza en Dios y en que Dios nos guiará. Algunas de estas prácticas son comunes e inofensivas, tales como leer el horóscopo diario, consultar la astrología y otras cosas por el estilo. Siempre que no las tomemos tan seriamente que pongan en peligro nuestra fe en la providencia de Dios, pueden ser un pasatiempo.

[18] Pero si comenzamos a creer en ellas, estamos creyendo en un dios falso. De hecho, a esta práctica la conocemos con el nombre de "adivinación", cuyo nombre ya de por sí explica por qué la consideramos en contra de la fe.

[19] Esto incluye la magia o la hechicería cuando se usa para tratar con poderes ocultos; ya sea para ayudar o para maldecir a alguien, y esto está en contradicción con nuestra fe. También atenta contra nuestra fe el creer que el uso de amuletos, de algunas medallas especiales, o de otros objetos, pudieran traernos bendiciones especiales.

CREEMOS
Tentar o poner a prueba a Dios ofreciéndole "tratos" a cambio de favores viola este mandamiento.

[20] Todas estas prácticas contradicen el honor, el respeto y el temor amoroso que le debemos solamente a Dios. Cuarto, nunca debemos poner a prueba a Dios. Cuando negociamos con Dios ofreciéndole nuestro compromiso para esto o aquello a cambio de favores, expresamos falsamente nuestra fe.

[21] O cuando tenemos ese comportamiento peligroso que se atreve a pedirle a Dios su protección, pero pensando al mismo tiempo que sólo creeremos en Dios si esa protección que pedimos se realiza, hemos caído en esta área de falsedad.

[22] Quinto, no debemos tratar los sacramentos ni otras acciones, personas o cosas sagradas de una manera profana o indigna. Esto sería

un "sacrilegio". Sexto, no debemos intentar comprar o vender "cosas espirituales" tales como oraciones, curaciones u oficios sagrados.

[23] Los ministros eclesiásticos en particular, no deben cobrar por orar por los difuntos ni por ayudar a los vivos. Mucho menos deben cobrar por los sacramentos, fuera de lo que esté aprobado por el obispo, con más razón si quienes los pidieran fueran pobres.

[24] Séptimo, el ateísmo es un asunto muy serio en nuestra época y este mandamiento trata sobre esto. Hay varias clases de ateísmo. Una de ellas es el materialismo que pone las cosas por encima de las obras corporales de misericordia. Otra clase de ateísmo es el humanismo, el cual considera a los humanos como último fin y con un dominio supremo de su propia historia.

[25] Una tercera clase de ateísmo espera que la economía y los cambios sociales liberen a los humanos, pues sostiene que la religión pone demasiada esperanza en la vida futura y no la suficiente en ésta. Nosotros, los cristianos, podemos hacer algo contra el avance del ateísmo al practicar bien nuestra fe y al exponer claramente nuestras creencias.

[26] Finalmente, tenemos el agnosticismo. Las personas agnósticas dicen que "no conocen a Dios y, por lo tanto, no les interesa"; pero, en realidad, es una incredulidad intencional.

Las imágenes de Dios

[27] Nadie ha visto nunca a Dios, no obstante creemos que Dios es el autor de la belleza, de la hermosura y de toda la creación. Nosotros los humanos somos seres físicos, que necesitamos signos y símbolos para expresar nuestra fe.

[28] El mismo Jesús estuvo entre nosotros en forma física debido al misterio de la encarnación. Por eso el venerar una imagen de Cristo, de María o de los santos, o aun de la misma creación, honra al sujeto de la imagen y no a la imagen en sí.

Proceso de grupo o personal

- ¿Cómo es la idolatría parte de nuestra vida social hoy en día? ¿Qué tipo de ídolos tenemos que nos alejan del único y verdadero Dios?

- Hemos aprendido que cuando colocamos posesiones o poder por encima de las obras corporales o espirituales de misericordia, estamos practicando una forma de ateísmo. ¿Cuál es su experiencia al respecto?

- ¿Cómo nosotros, los cristianos, damos testimonio de nuestra fe en el mundo actual? Lea la declaración de fe # 20 para entender esto con más claridad.

- ¿Cuáles son algunos de los dioses falsos que nosotros, las mujeres y los hombres modernos, perseguimos?

PARTE 3 ✤ LOS ARTÍCULOS 2142-2159 DEL *CATECISMO*

El segundo mandamiento

[29] No tomarás en vano el nombre del Señor, tu Dios. El segundo mandamiento nos llama a respetar el nombre de Dios. Dar a conocer el nombre propio de uno es comunicar un don personal y amoroso, es signo de amistad y confianza íntimas.

[30] Dios nos confió el nombre divino, Yahvé, y nosotros debemos venerarlo y respetarlo. Siempre que hablemos de Dios, debemos hacerlo con veneración y respeto, nunca con temor, y menos con amenazas. Ni debemos usar el nombre de Dios, de María o de los santos, para maldecir o para hacer promesas falsas.

[31] Ni debemos hablar en contra de Dios haciendo desafíos o reproches, ni tampoco hablar en contra de la Iglesia o de las cosas sagradas. Ni

debemos actuar con violencia hacia los demás y usar el nombre de Dios para cubrirnos o la religión para ocultarnos. Si hacemos un juramento poniendo a Dios como testigo, ese juramento debe ser verdadero y honesto. Un juramento falso le pide a Dios que sea testigo de una mentira.

[32] A tales juramentos falsos les llamamos "perjurio". Prometer bajo juramento hacer alguna maldad también va en contra de la santidad del nombre divino. Jesús nos enseña a decir sencillamente lo que es verdad, sin recurrir a un juramento, pero nos hemos percatado tradicionalmente de que un juramento es aceptable por razones graves y correctas, como en los tribunales. Pero nunca ha de hacerse un juramento en asuntos triviales.

Creemos
Este mandamiento prohíbe el uso indebido del nombre de Dios, que es una blasfemia. También está prohibido el uso del nombre de Jesús, de María o de los santos de tal manera.

Nuestro nombre

[33] Nosotros, los católicos, nos bendecimos a nosotros mismos, nos bautizamos los unos a los otros, y vivimos en el nombre de Dios. "En el nombre del Padre, y del Hijo, y del Espíritu Santo. Amén". El nombre de Dios nos santifica y nos orienta.

[34] Cuando nacemos, y más tarde en nuestro bautismo, también nosotros recibimos un nombre, el cual representa nuestra identidad propia y sagrada. A los católicos se nos da un nombre con sentimiento cristiano; a menudo es el nombre de un santo patrón [o santa patrona], de un misterio cristiano o de una virtud cristiana.

[35] Dios nos llama a cada uno de nosotros por nuestro nombre, y todos y cada uno de nuestros nombres son sagrados. El nombre es el "ícono de la persona", y por tanto, debemos respetarnos el nombre mutuamente, debemos honrarlo, protegerlo ¡y usarlo a menudo!

Proceso de grupo o personal

- En sus propias palabras, ¿qué significa usar el nombre de Dios "en vano"? ¿Cuáles son algunas maneras como usted se refiere a Dios o piensa acerca de Dios?

- Creemos que Dios llama a cada uno de nosotros por su nombre. ¿De qué manera le ha llamado Dios? ¿A qué obras específicas de caridad o de misericordia está usted llamado?

Oración

Te doy gracias, Oh Señor, de todo corazón, y ante todos los dioses te cantaré alabanza. Quiero inclinarme hacia tu santo templo y alabar tu nombre por tu gran amor y fidelidad. Porque has exaltado tu nombre y tu palabra por sobre todas las cosas. Cuando te llamé, me respondiste; me infundiste ánimo y renovaste mis fuerzas del alma. Amén. (**Salmo 138:1-3**)

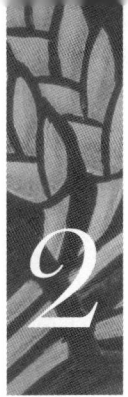

Sesión Dos

Santificar el Día del Señor: 3er Mandamiento

Basado en los artículos 2168-2188 del *Catecismo de la Iglesia Católica*. Para leer un resumen de esta sección, consulte los artículos 2189-2195 del *Catecismo*.

Introducción

La observación ceremonial del *"Sabbath"* (sábado), ha sido reemplazada por el domingo, lo cual recuerda la nueva creación inaugurada por la resurrección de Cristo. El domingo se ha de considerar la fiesta primordial de la obligación en la Iglesia Universal. Los domingos debemos evitar el trabajo innecesario, dándonos tiempo para la familia y los amigos. Cada cristiano debe evitar imponer exigencias innecesarias a otros que le impidan guardar el Día del Señor.

Sagrada Escritura

Lector: Lectura del Libro del Deuteronomio

Observa el día sábado, y conságraselo al Señor, tu Dios, tal como Él te lo ha ordenado. Trabaja seis días, y haz en ellos todo lo que tengas que hacer, pero observa el séptimo día como día de reposo para honrar al Señor, tu Dios. No hagas en ese día ningún trabajo, ni tampoco tu hijo, ni tu hija, ni tu esclavo, ni tu esclava, ni tu buey, ni tu burro, ni ninguno de tus animales, ni tampoco los extranjeros que vivan en tus ciudades. De ese modo podrán descansar tu esclavo y tu esclava, lo mismo que tú.
(**Deuteronomio 5:12-14**)

Lector: Palabra de Dios

Todos: Te alabamos, Señor

PARTE I ✛ LOS ARTÍCULOS 2168-2176 DEL *CATECISMO*

Santificar

[1] "Recuerda el día del sábado, para santificarlo", nos dice el capítulo 20, versículo 8 del Éxodo. Y continúa: "Durante seis días trabajarás y harás todos tus trabajos. Pero el séptimo, es día de descanso en honor del Señor, tu Dios. No harás en él trabajo alguno". Este es el tercer mandamiento, el cual con frecuencia es olvidado en nuestra cultura de hoy.

[2] Con un lenguaje figurativo, los autores del Antiguo Testamento nos presentan la imagen de Dios "descansando" en el séptimo día. La palabra "sábado" viene del hebreo "*sabbat*", que significa literalmente "descansar". ¿Necesitaba Dios descansar? De hecho, desde la antigüedad se ha reconocido la necesidad humana, fijada firmemente en la naturaleza humana, de hacer una pausa de vez en cuando para recordar acontecimientos recientes, para reconocer las manos de Dios en la vida y para rezar.

[3] El sábado es ese día, "una pausa sagrada en la vida", y es tan importante para nosotros, los humanos, que la consideramos como una obligación. Pues si dejamos de hacer esa pausa para poder apreciar lo que Dios ha hecho, para ver cómo el mundo se va desenvolviendo ante nosotros, para leer los signos de los tiempos, y para asimilarlo todo, pudiéramos estar dejando de ver lo más importante.

[4] La tierra misma descansa de esa manera por el cambio de las estaciones: una estación es para crecer; otra para cosechar; una es para mejorar el terreno; otra, en la primavera, para volver a sembrar.

Creemos

La Iglesia celebra el Día de la Resurrección del Señor en el "octavo día", el cual es debidamente llamado el Día del Señor.

Jesús y el sábado

[5] El Evangelio de San Marcos nos deja asomarnos a ver la actitud de Jesús hacia el día sábado. Este Evangelio no saca a relucir a ángeles ni a pastores, y ni siquiera a los magos. Entra de lleno y precipitadamente en el ministerio de Jesús.

[6] Ya en los primeros 30 versículos del primer capítulo, Jesús aparece en escena, ha sido bautizado por Juan, se ha ido al desierto y regresado, llamó a sus primeros discípulos y ahora, en el versículo 21, aparece en la sinagoga de Cafarnaúm, cerca de Nazaret, el día sábado.

[7] Jesús enseñó acerca de ese día con cierto sentido de urgencia y asombró a la gente. Él demostró gran poder y autoridad al curar a los enfermos y al cuidar de todos. Su enseñanza acerca del sábado y acerca del lugar que éste ocupa en la vida, fue revolucionaria para su época, ya que él insistió en que cumplir la ley al pie de la letra no era suficiente.

[8] Él insistió en que el sábado se instituyó para los humanos y no los humanos para el sábado. Este es un día para hacer el bien y no el mal, para salvar vidas y no para destruirlas, un día de misericordias, un día para honrar a Dios.

El Día del Señor

[9] Tal vez sea el salmista quien mejor capte el espíritu de este día en el salmo 118, versículo 24: "Éste es el día que ha hecho el Señor; gocemos y alegrémonos en él". Nosotros, los cristianos, honramos el domingo porque en ese día conmemoramos la resurrección de Jesús de entre los muertos.

[10] Desde los primeros años de la historia cristiana, el domingo ha sido el primero entre todos los días. El mandamiento de santificar el sábado

quiere decir, para nosotros, los cristianos, guardar el domingo como un día de descanso, de oración, de recreo y de comidas compartidas.

Proceso de grupo o personal

- ¿Cuáles son las características de nuestra cultura moderna que operan en contra de tener un verdadero día de descanso el domingo? ¿Cómo podemos los cristianos balancear mejor nuestra fe con nuestra cultura, con respecto a esto?
- Hablen entre sí acerca de sus "hábitos del domingo", como familia o como individuo. ¿Cómo puede ajustar estos hábitos para hacer del "santificar el día de reposo" una mayor prioridad?

PARTE 2 ✛ LOS ARTÍCULOS 2177-2183 DEL CATECISMO
La asamblea dominical

[11] Para nosotros, los católicos, celebrar la Eucaristía el domingo ocupa la centralidad del día. La ley canónica lo deja bien claro en el Canon 1246, cuando dice que el domingo es el día en el que se celebra el misterio pascual. El Código de Derecho Canónico dice que el domingo "ha de observarse en toda la Iglesia como fiesta primordial de precepto".

[12] También observamos otras "fiestas de precepto", incluso las siguientes: Navidad y Epifanía, la Ascensión, Santísimo Cuerpo y Sangre de Cristo, Santa María, Madre de Dios, su Asunción, su Inmaculada Concepción, San José, los Santos Apóstoles Pedro y Pablo y Todos los Santos. En ciertas fiestas, los católicos tienen la obligación de participar en la Eucaristía.

[13] Nosotros nos reunimos para la Eucaristía en esos días, semana tras semana, porque la Eucaristía es el sustento de nuestra vida. Nos reunimos como asamblea cada semana, escuchamos la Palabra que se enuncia

y se comparte, ofrecemos y bendecimos nuestros dones, recordamos el relato de la Cena del Señor, recibimos la comunión, y se nos envía en paz. Esto nos hace quienes somos; éste es el Cuerpo de Cristo.

[14] Se convierte en la cadencia de nuestra vida diaria, como el redoblar de un tambor, el ritmo normal de la vida. Nos reunimos como parroquia, una comunidad particular y determinada, guiada por un párroco que es apoyado por un obispo.

Creemos

En los domingos y en ciertos días santos, los fieles están obligados a descansar de su trabajo tanto como sea posible. El domingo es el día de fiesta primordial de la Iglesia y estamos obligados a participar de la Misa en ese día.

[15] Éste es el lugar de reunión adonde vienen todos los fieles desde sus respectivos hogares para compartir la acción litúrgica. Rezar en el hogar es importante, pero también necesitamos rezar juntos. Los pastores de la Iglesia precisan que hagamos esto, que participemos en la Misa cada semana, en cualquier rito católico de cualquier lugar, el mismo domingo o en la víspera.

[16] Alguna que otra vez pudiera haber una razón seria para no poder participar en la Misa, tal como por una enfermedad o por cuidar de un enfermo. Pero para aquellas personas que hacen un hábito de estar ausentes, de poner como excusas razones insignificantes, o que sencillamente no participan porque no están de acuerdo con la Iglesia, o no les gusta el párroco, o no quieren "perder" la mañana, o no creen recibir ningún beneficio por ir, o por cualquier otra razón, esto es un asunto serio.

[17] La Eucaristía es nuestro fundamento, el centro de nuestra fe, nuestra misma identidad. Pasarla por alto con regularidad nos desarrollará un hábito que no podrá producir en nosotros un manantial profundo de bienestar espiritual.

[18] No es sólo por nosotros que participamos en la asamblea dominical. Es también por nuestro prójimo y nuestros amigos, que dependen de que estemos presentes para compartir la fe con ellos. Aunque nos parezca que nuestra propia fe es bastante endeble o que no participamos de corazón, sólo por estar en el mismo lugar donde la gracia se comparte, seremos inspirados.

[19] Una palabra de la homilía puede darnos un despertar —o el soplo de una vela, o la fragancia del incienso, o la procesión del pueblo para comulgar, o un estribillo de la música...

[20] Cristo está presente en la Eucaristía de cuatro maneras diferentes: en la Palabra que se comparte, en la comunidad reunida, en la persona del sacerdote, y en el pan y vino, que encierran el Cuerpo y la Sangre de Cristo. Si por alguna razón no hay un sacerdote presente, los fieles pueden reunirse para compartir la Palabra conforme a las directrices del obispo local.

Proceso de grupo o personal

- ¿Por qué es importante reunirse cada semana para celebrar la Eucaristía? ¿Qué impide que la gente haga esto?

- Haga una lista de aquellas personas que —o no se sienten bienvenidas, o no se sienten motivadas— a ser una parte integral de la asamblea del domingo en su parroquia. ¿Cómo podrían ustedes, como parroquia, llegar a estas personas para darles la bienvenida o para hacer que se sientan cómodas, o para ayudar a crear un deseo de la Eucaristía en sus vidas?

- ¿Cómo el ser parte de la comunidad de la misa cada semana contribuye a su vida espiritual? ¿*Qué* le da *usted* a su comunidad y qué es lo que usted obtiene por estar allí?

PARTE 3 ✢ LOS ARTÍCULOS 2184-2188 DEL *CATECISMO*

Descanso

[21] Participar en la Misa los domingos y los días de precepto no cumple totalmente con los requisitos de este mandamiento: "santificar" el sábado. Para que nosotros, los humanos, podamos estar saludables y realizarnos, necesitamos hacernos un hábito para descansar del trabajo.

[22] Necesitamos tiempo para celebrar con nuestra familia, para compartir comidas familiares, para asistir a eventos culturales, y para cumplir con compromisos sociales, así como tiempos tranquilos de descanso, de lectura y de oración. Tal vez la actividad más importante que nosotros, los humanos, ansiamos es juntarnos para compartir las comidas.

[23] Así seamos ricos o pobres, de la ciudad o del campo, jóvenes o ancianos, hay una necesidad humana muy íntima de "reclinarnos a la mesa con los amigos". Compartir las comidas es una práctica tan antigua como la familia humana, y tan sagrada como la liturgia.

[24] Por consiguiente, los pastores de la Iglesia requieren que nos abstengamos de hacer ningún trabajo o actividad los domingos que limiten el tiempo que tenemos para pasarla juntos alrededor de la mesa.

[25] Aunque pudieran haber razones legítimas para trabajar los domingos, tales como atender a las necesidades familiares, prestar un servicio social importante, o atender a un enfermo o a alguien con alguna otra necesidad, debemos cuidarnos de que estas excepciones no lleguen a constituirse en regla para trabajar los domingos, igual que en cualquier otro día.

[26] Probablemente sea éste el mandamiento más difícil de observar para los cristianos modernos, ya que el domingo en nuestra cultura está comprometido con el materialismo, el consumismo y el secularismo.

Creemos

Cada cristiano debe evitar imponer exigencias innecesarias a otros que le impidan guardar el Día del Señor.

[27] También existe la situación de que algunos de nosotros tenemos que trabajar sencillamente por ser muy pobres. Nuestros trabajos nos exigen trabajar los domingos, y para no perder el trabajo, tenemos que cumplir. Para muchas personas alrededor del mundo en la cultura de hoy, buscar un equilibrio entre poder ganar lo suficiente para el sustento, y las necesidades de la familia y de los niños, y otras necesidades personales en nuestra vida, se hace muy difícil, por no decir imposible.

[28] Esta es la situación, sobre todo y con frecuencia, de las madres solteras y de los padres solteros, de los que son pobres materialmente, de los emigrantes y de los que empiezan a trabajar por primera vez.

[29] Cuando nosotros pasamos tiempo libre los domingos en lugares públicos, tales como en parques, en eventos deportivos, en centros de compras, en restaurantes, y en otros lugares por el estilo, otras personas tienen que trabajar para que nosotros podamos disfrutar.

[30] Aunque sea necesario para esas personas trabajar en esos días, ellas deben apartar un tiempo durante otro día para el descanso y los ratos libres. Todos nos debemos recrear con moderación los domingos y debemos ser sensibles hacia lo que otras personas deben hacer para que nosotros podamos disfrutar nuestras actividades de tiempo libre. Los empresarios deben asegurarse de que los trabajadores tengan suficiente tiempo de descanso.

[31] Existe una tendencia en nuestros tiempos contemporáneos a abrir los lugares de negocios las veinticuatro horas del día, los siete días de la semana. Muchos comercios ya no observan nunca el domingo. Nosotros, los cristianos, debemos prestarle atención a esto, demostrando la validez de lo que creemos en vez de condenar a los demás. Si vivi-

mos como debemos y dejamos que los demás nos vean, el mundo llegará a hacer esa pausa sagrada y todos descansarán los domingos, según sus posibilidades y con una alegría inmensa.

Proceso de grupo o personal

- En su vida familiar, ¿cómo observa usted el domingo, aparte de participar en la Eucaristía? ¿Cómo usted ayuda o dificulta a que otros lo hagan?
- Lea la declaración de fe # 19 de nuevo. ¿Cómo podemos aprender a balancear nuestras vidas ocupadas y nuestras semanas ocupadas con el mandamiento de descansar el domingo y permitirle también a otros a descansar?

Oración

Te doy gracias porque me has respondido y has sido mi salvación. La piedra que desecharon los arquitectos es ahora la piedra angular. Ésta es la obra del Señor; es maravilloso a nuestros ojos. Éste es el día que hizo el Señor; regocijémonos y alegrémonos en él. ¡Sálvanos, te rogamos, Señor! ¡Oh Señor, te rogamos, danos éxito! Bendito el que viene en el nombre del Señor. Te bendecimos desde la casa del Señor. El Señor es Dios, y Él nos ha dado la luz. Amén. (**Salmo 118:21-27**)

Sesión Tres

HONRAR A NUESTROS PADRES: 4TO MANDAMIENTO

BASADO EN LOS ARTÍCULOS 2196-2246 DEL *CATECISMO DE LA IGLESIA CATÓLICA*. PARA LEER UN RESUMEN DE ESTA SECCIÓN, CONSULTE LOS ARTÍCULOS 2247-2257 DEL *CATECISMO*.

Introducción

De acuerdo al cuarto mandamiento, Dios ha querido que debamos honrar a nuestros padres y a aquellos a los que Él le ha conferido autoridad para nuestro bien. Los hijos les deben a sus padres respeto, gratitud, obediencia justa y ayuda. Los padres tienen la responsabilidad primordial de la educación de sus hijos en la fe, en la oración, y en todas las virtudes. Ellos tienen el deber de proporcionar, en la medida en que sea posible, por las necesidades físicas y espirituales de sus hijos. Es deber de los ciudadanos el colaborar con la autoridad civil para la construcción de la sociedad en un espíritu de verdad, de justicia, de solidaridad y de libertad.

Sagrada Escritura

LECTOR: Lectura del Libro del Deuteronomio

Honra a tu padre y a tu madre, como el Señor, tu Dios, te lo ha ordenado, para que disfrutes de una larga vida y te vaya bien en la tierra que te da el Señor, tu Dios. (**DEUTERONOMIO 5:16**)

LECTOR: Palabra de Dios

TODOS: Te alabamos, Señor

PARTE I ✢ LOS ARTÍCULOS 2196-2213 DEL *CATECISMO*

Los padres y los hijos

[1] Habrás notado para este entonces que la vida cristiana tiene una cosa como base: el Amor Divino. El cuarto mandamiento está enraizado en ese amor. Dice así en el capítulo 20, versículo 12 del libro del Éxodo: "Honra a tu padre y a tu madre para que se prolonguen tus días sobre la tierra que el Señor, tu Dios, te da".

[2] Éste es un mandamiento para los niños y para todos cuyos padres están vivos. Nosotros no escogemos a nuestros padres, por supuesto, pero creemos que debemos respetarlos a ellos y a todos los demás que tienen autoridad. Este mandamiento constituye la fundación para la vida de una sociedad ordenada.

[3] Esto es parte de la doctrina social de la Iglesia de hoy en día. Tradicionalmente, este mandamiento se ha extendido más allá de los padres y los hijos, hasta los ancianos, y sobre todo, hasta los abuelos de la familia, a quienes debemos darles nuestro cariño y honrarlos, cuidarlos y serles agradecidos por toda la vida.

[4] Por tradición, esto se extiende también a los alumnos y a sus maestros, a los ciudadanos y a sus gobiernos, a los empleados y a sus jefes o patronos, a los miembros de la Iglesia y a sus pastores. Éste es el primer mandamiento que ofrece una recompensa: si haces esto, vivirás una larga vida. Y en efecto, dejar de cumplir este mandamiento trae como resultado la infelicidad y un colapso social.

Creemos
Los fines y objetivos de la vida matrimonial y familiar son apoyar la bondad y el amor de los esposos, y tener y educar niños.

La familia
[5] En la enseñanza católica, el matrimonio tiene dos propósitos: uno es confirmar el amor mutuo de la pareja, y el otro, traer niños al mundo. Un hombre y una mujer comprometidos en matrimonio, forman una familia, junto a sus hijos.

[6] Existen otras formas de relaciones familiares, pero ésta es la norma. Las familias tienen muchas responsabilidades y derechos, y forman el bloque de construcción básico de la sociedad. Una familia, junto a otros parientes, vecinos, amigos y visitantes, forman una clase de "familia de fe" llamada correctamente la "iglesia doméstica".

[7] Nosotros usamos una terminología en particular para referirnos a las familias, pues decimos que son una "comunión de personas", signo e imagen de la vida compartida de la Trinidad, o sea, Dios, que es el Padre; Cristo, el Hijo; y el Espíritu Santo.

[8] Tener hijos es un reflejo de la obra de Dios en la creación. "Morir a nosotros mismos", de una manera saludable y generosa en la vida familiar, nos conecta a Cristo en su muerte y resurrección, que se conoce como el Misterio Pascual. Y estar unidos de esa manera profunda y solidaria es un don del Espíritu para las familias de fe. Éste es un compartir privilegiado en la vida del Dios Trino.

La sociedad y la familia
[9] La vida familiar es un ensayo de la vida en la sociedad, para los niños, y un estilo de vida enraizado en el amor y en la entrega, para los padres. En la familia compartimos valores morales, aprendemos a honrar y a amar a Dios, e igualmente aprendemos los límites de la libertad.

Las familias deben cuidar de los jóvenes y de los ancianos, así como de los enfermos, de los discapacitados y de los pobres. Cuando las familias no pueden hacer esto solas, otros subsidiarios sociales deben prestar asistencia. Los gobiernos deben hacer todo lo que sea necesario para fortalecer y proteger la vida familiar.

[10] Entre otras cosas, los gobiernos deben dar la libertad de fundar un hogar y de tener hijos; la libertad de seguir las convicciones religiosas; la protección del vínculo conyugal; el derecho a la propiedad privada, a la libertad de iniciativa, a tener un trabajo y a una vivienda; así como el derecho a emigrar, a la atención médica, a la asistencia de las personas de edad avanzada, a la protección de la seguridad financiera; y la libertad para formar asociaciones.

[11] Pero la legislación sola no es suficiente. La sociedad debe orientarse hacia los valores sociales que apoyan a las familias de fe. Y las familias de fe deben, a su vez, apoyar a la sociedad en que viven. De este modo, todas las relaciones pueden ser edificadas y fortalecidas, y viviremos como hijos e hijas de Dios.

Los deberes de los hijos

[12] El respeto y la honra que los hijos les deben a sus padres emanan de la paternidad y de la maternidad de Dios, y es una obligación para toda la vida. Los libros sapienciales de la Biblia nos recuerdan esta obligación una y otra vez, y las enseñanzas de los primeros cristianos hacen lo mismo.

[13] Así nos dice el capítulo 6 de los Proverbios: "Observa, hijo mío, el mandato de tu padre, no rechaces la enseñanza de tu madre. Grábalos siempre en tu mente, cuélgalos alrededor de tu cuello. Cuando camines te guiarán, durante el sueño velarán junto a ti, cuando despiertes, conversarán contigo".

[14] Los hijos deben también obedecer a sus padres, a no ser que el niño esté convencido en conciencia de que sería moralmente malo obedecerlos, como nos recuerda el artículo 2217 del Catecismo. Y cuando

los niños se hacen mayores y se van a vivir solos, todavía deben seguir respetando a sus padres, cuidarlos en la vejez y amarlos en los momentos de abatimiento y de soledad, aunque la obligación de obedecerlos cesa cuando el niño se hace adulto. La vida familiar debe estar llena de armonía y de amor, no sólo entre padres e hijos sino también entre los hijos, los nietos y aun los visitantes y vecinos.

Proceso de grupo o personal

- ¿Quién vive en su "familia de fe"? ¿Cómo es esa familia un reflejo del amor de Dios?

- ¿Qué retos hay para establecer una vida familiar cálida y amorosa en la actualidad?

- Nombre dos o tres actividades que las familias puedan hacer con regularidad para apoyar la vida familiar.

PARTE I ✢ LOS ARTÍCULOS 2214-2231 DEL *CATECISMO*
Los deberes de los padres

[15] Procrear no es todo lo que significa ser padre o madre. Hay mucho más en juego al criar una familia, pues hay que enseñar amor amando, enseñar la fe creyendo, enseñar a cuidar de los pobres practicándolo, enseñar, enseñar y enseñar.

[16] En efecto, el papel de los padres en la educación de sus hijos e hijas es tan importante que ¡es casi imposible encontrar una substitución adecuada! Los padres y las madres proveen esta educación a sus hijos e hijas creando, ante todo, una familia de fe donde la ternura, el perdón, el respeto, la fidelidad y la entrega generosa son la norma.

[17] La familia es donde los niños realizan su aprendizaje, por así decirlo, de abnegación, de no ser egoístas y de hacer buenos juicios, mientras crecen en edad y sabiduría. Los padres y otros maestros de la familia ayudan a los niños a entender la importancia de la espiritualidad y de la vida interior, no sólo de los bienes materiales.

[18] Los niños aprenden con el buen ejemplo, por eso es importante que los padres admitan sus errores, que sean honestos en cuanto a sus propios fracasos y que estén prontos a perdonar sin guardar rencor. Por supuesto que los padres también están llamados a transmitirles su propia fe a sus hijos.

Creemos
Los padres deben respetar y fomentar la vocación de sus hijos, ayudándoles a ser las personas que Dios quiere que sean. La primera vocación es seguir a Jesús.

[19] Los padres deben unirse a una comunidad parroquial e iniciar a sus hijos mediante el bautismo. Al hacer de su fe parte de la vida familiar, los niños llegarán a conocer a Jesús y a amar a la Iglesia. La catequesis familiar es configurada y apoyada por la catequesis y la formación parroquial, pero lo que sucede en el hogar es vital.

[20] Los niños aprenden de sus padres a rezar, a amar a los que son pobres en el sentido material, a amar la Eucaristía, y a aceptar por completo el Evangelio. Y los niños, a su vez, contribuyen al crecimiento de la fe de sus padres.

[21] Dentro de una familia todos deben estar dispuestos a perdonar, a manejar los desacuerdos con gracia, a evitar las injusticias dentro de la familia, y a ofrecerse el afecto mutuo. En efecto, la caridad de Cristo no exige menos que esto. Los padres deben escoger aquellas escuelas que aseguren la buena educación de sus hijos e hijas.

[22] Y cuando los niños se hagan adultos, ellos tienen el derecho a escoger su profesión con el consejo y la ayuda de sus padres; los padres deben apoyar la vocación que sus hijos escojan. Algunos niños elegirán una vocación religiosa o el sacerdocio, otros elegirán permanecer solteros, y otros de ellos emprenderán otras opciones vocacionales. Recuerden siempre que la primera vocación para todos es seguir a Cristo.

Proceso de grupo o personal

- La oración compartida puede ser difícil en la vida familiar. Los miembros de la familia pueden orar de maneras diferentes, o en diferentes momentos que los demás. ¿Cómo y cuándo puede una familia u hogar realistamente compartir momentos de reflexión y de oración?

- En su comunidad parroquial, ¿cómo se ven las familias? Haga una tabla que muestre la composición de su parroquia e incluya en ella el número de personas que viven en hogares de un solo padre/madre, hogares con padre y con madre, hogares ecuménicos (donde uno de los cónyuges no es católico), hogares de viudo o viuda, hogares de adultos solteros, etc. ¿Cómo su parroquia apoya la "vida familiar" en todas sus formas?

PARTE 3 ✢ LOS ARTÍCULOS 2232-2246 DEL *CATECISMO*

La sociedad civil y el cuarto mandamiento

[23] La enseñanza de la Iglesia en el cuarto mandamiento también se extiende a las obligaciones de las autoridades civiles y a los deberes de los ciudadanos de una nación, por tanto trataremos sobre esto a continuación.

[24] Toda autoridad, ya sea dentro de la Iglesia o en el gobierno, debe ejercerse como un servicio. Creemos que toda tal autoridad viene, en primer lugar, solamente de Dios. Por tanto, nadie puede ordenar o establecer nada que sea contrario a la dignidad de las personas, o a la ley natural.

[25] Además, aquellas personas con autoridad deben organizar la sociedad con valores, según las normas de la justicia para todos, y de tal manera, que se aspire al bien común y no simplemente a la ganancia personal para ellas mismas, o para cualquier otra persona. Los derechos políticos han de ser respetados y no deben ser suspendidos, salvo que haya alguna razón imperante para hacerlo y aun así, solo podrían suspenderse temporalmente.

[26] Por su parte, los ciudadanos deben confiar en la autoridad, y colaborar con ella para el bien común. Cuando sea lo correcto, los ciudadanos deben criticar al gobierno, sobre todo cuando ese gobierno haga algo perjudicial para cualquier persona, en cualquier momento o lugar, o cuando no se respete la dignidad humana. Los ciudadanos deben tomar parte en el campo político, y así ayudar a gobernar su nación con justicia.

CREEMOS
La autoridad pública debe respetar los derechos fundamentales de cada persona humana. Las personas deben tener la libertad de tener una familia, de practicar su fe, y de poseer un hogar y los medios para ganarse la vida.

[27] Los ciudadanos deben pagar sus impuestos, votar en las elecciones y defender su patria si fuese necesario. Las naciones más ricas están obligadas, bajo justicia, a acoger a los extranjeros y a los emigrantes, a compartir sus riquezas generosamente y equitativamente, y a proteger a todos los que están en peligro.

[28] Los ciudadanos cristianos están obligados en conciencia a no obedecer a sus gobiernos cuando lo que se les exige es contrario al orden moral, a los derechos humanos fundamentales o a las enseñanzas del Evangelio. Una desobediencia civil de esta clase está justificada por la distinción que existe entre servir a Dios y servir a la comunidad política.

[29] No obstante y aun en estos casos, los ciudadanos deben de apoyar lo que esté a favor del bien común, aun mientras defienden los derechos humanos en contra de los abusos de una autoridad injusta. Antes de tomar las armas en contra de una autoridad política, deben existir las siguientes condiciones: Debe haber una violación cierta, grave y prolongada de los derechos humanos fundamentales.

[30] Todos los otros recursos para poner bien las cosas se han agotado y tal resistencia no pondrá peores las cosas. Existe una esperanza de éxito bien fundada, pocas víctimas inocentes sufrirán, y no es posible prever una solución mejor.

[31] Creemos que el bienestar de las personas humanas debe ser siempre la prioridad de toda sociedad. Nuestro origen y destino humanos, después de todo, es Dios. Los gobiernos que dejan de reconocerlo así y que ponen la propiedad, el poder, el dinero o los bienes materiales en un lugar prioritario más alto que los seres humanos, son totalitarios y malos.

[32] Finalmente, queremos señalar que la Iglesia no es igual a una comunidad política. La Iglesia, en cierto modo, trasciende la cultura y la sociedad en que vive, pues da la misma pauta para todos, esto es, la protección y el progreso del género humano.

[33] Con este fin, los pastores de la Iglesia emiten juicios y enseñan claramente acerca de la moralidad de la política y de los gobiernos, sobre todo cuando los derechos fundamentales de las personas se ven arriesgados.

Proceso de grupo o personal

- ¿Qué aspectos del gobierno de la nación donde usted vive están en desacuerdo con la protección de los derechos fundamentales de todo ser humano? ¿Qué postura toma usted, como cristiano, respecto a eso?
- ¿Cuánta presión pueden llevar los cristianos a sus gobierno acerca de seguir los principios cristianos si vivimos en una sociedad compuesta de gente de muchas tradiciones de fe?

Oración

En tu sabiduría, Señor, Tú nos enseñaste a honrar y a obedecer a nuestros padres, y a aquellos que se convierten en nuestros maestros y mentores. Gracias por los que has traído a mi vida con este propósito. Cuídalos y protégelos a medida que envejecen. Oro por aquellos que han muerto, para que puedan descansar en paz en tu seno. Que ahora me convierta yo en tal padre, tutor o maestro para los demás, y que tu gracia me lleve a reflejarte en todo lo que yo haga. Por Cristo, nuestro Señor. Amén.

Sesión Cuatro

No Matarás: 5to Mandamiento

BASADO EN LOS ARTÍCULOS 2258-2317 DEL *CATECISMO DE LA IGLESIA CATÓLICA*. PARA LEER UN RESUMEN DE ESTA SECCIÓN, CONSULTE LOS ARTÍCULOS 2318-2330 DEL *CATECISMO*.

Introducción

Cada vida humana, desde el momento de la concepción hasta la muerte, es sagrada porque la persona humana es creada a imagen y semejanza de Dios. El asesinato de un ser humano es gravemente contrario a la dignidad de la persona y a la santidad del Creador. Estamos obligados a rechazar el aborto, a proteger al embrión, y a defender la vida en todas sus facetas. La pena de muerte es normalmente contra la enseñanza de la Iglesia también. La carrera de armamentos es una de las más grandes maldiciones sobre la raza humana y el daño que causa a los pobres es mayor que el que se puede soportar.

Sagrada Escritura

Lector: Lectura del Santo Evangelio según San Mateo

Ustedes han oído que se dijo a los antepasados: *No matarás*; y el que mate, será llevado a juicio. Pero Yo les digo: El que se enemiste con su hermano, será llevado a juicio; el que lo insulte será llevado ante el Consejo. (**Mateo 5:21-22a**)

Lector: Palabra del Señor

Todos: Gloria a Ti, Señor Jesús

PARTE I ✦ LOS ARTÍCULOS 2258-2269 DEL *CATECISMO*

No matarás

[1] Las dos palabras que componen este mandamiento son sencillas, directas y claras. Su profundo significado se encuentra en la raíz de nuestra manera de tratarnos los unos a los otros. No obstante, pudiera no ser tan claro como parece.

[2] Jesús le añadió otra capa de complejidad a esto, al enseñar así en el Sermón de la Montaña: "Han oído que se dijo...No matarás...Pero yo les digo que todo el que se enfade con su hermano será llevado a juicio". ¿Qué significa esto? ¿Es el enfado igual al homicidio?

[3] Nosotros, los católicos, defendemos la vida humana en todas sus etapas porque hemos sido creados a imagen de Dios, y además se nos ha concedido la vida divina. Creemos que la vida se nos va revelando de principio a fin, con la energía espiritual y con el poder del Amor Divino. Este mandamiento expone bien claro que nadie puede interrumpir deliberadamente el curso de la vida, ni tampoco causarle dolor o sufrimiento a otras personas.

[4] Nosotros, los humanos, tenemos una inclinación al egoísmo, al temor, al enfado, a la agresión, a ser a veces completamente unilaterales, o sea, completamente parciales. Esta inclinación sombría parece haber estado presente desde el principio, tal como lo sugiere la historia figurativa de Abel y Caín.

[5] Al Jesús leer el corazón humano, él lleva toda esta cuestión aún más lejos, pues, tal vez, se da cuenta que nosotros no empezamos como homicidas. Empezamos con el odio y el enfado. Por eso Jesús nos enseña a dar la otra mejilla, a amar a nuestros enemigos, a perdonar setenta veces siete.

[6] Él optó por no defenderse a sí mismo aunque era inocente y le dijo a Pedro que no usara la espada. En pocas palabras, Jesús cambia la postura de esta cuestión y la enfoca en el amor. Él renunció a su vida, pero nunca a su amor.

Creemos
El asesinato de un ser humano es gravemente contrario a la dignidad con la que hemos sido creados y a la santidad a la que estamos llamados.

La legítima defensa
[7] Existe un equilibrio que debe procurarse, ya que hay que defenderse contra la agresión y la injusticia y a la misma vez defender la vida en todo momento, aun la vida del enemigo. Los pastores de la Iglesia enseñan que estamos obligados a defendernos y a defender a los que tenemos bajo nuestro cuidado, lo mismo que a impedir que los que cometen injusticias se apoderen de la sociedad y del mundo.

[8] Debe suceder de este modo por el bien común tanto en el plano personal como a nivel nacional. Aunque esto significara matar violentamente a otras personas, si es en defensa propia, le está permitido al cristiano; pero cualquier acto violento, inclusive el homicidio, debe ser mínimo, debe considerarse absolutamente necesario y no debe incluir ningún espectador inocente.

[9] Es importante discernir en estos tiempos en que vivimos para asegurarnos de que aquellas personas que dicen estar actuando en defensa propia y que a menudo son los muy ricos, no sean los que estén cometiendo la injusticia en primer lugar.

La pena capital
[10] Creemos que el gobierno tiene el derecho a castigar a las personas que han cometido un crimen con un castigo que iguale la gravedad del crimen cometido. Tal castigo debe contribuir, en todo lo que sea posible, a la enmienda del culpable. En cuanto sea posible, este castigo no debe incluir el derramamiento de sangre pues es lo que corresponde a la dignidad humana.

[11] Dado los medios que tiene hoy día a su disposición el gobier-

no para encarcelar a alguien o para pronunciar su inocencia, nuestra enseñanza es que los casos en los cuales la pena capital es conveniente y permitida son raros o más bien inexistentes. Sobre este punto, la edición original del Catecismo se ha enmendado para clarificar mejor nuestra enseñanza.

El homicidio voluntario

[12] El homicidio voluntario no es permitido, y cometerlo constituye un pecado grave. Matar a un hijo, a un hermano o a una hermana, a los padres o al cónyuge, es aún más atroz. Uno no puede ni siquiera exponer a otra persona a un peligro mortal, de manera que pueda causar indirectamente la muerte, y siempre debemos ayudar a los que corren esa clase de peligro

[13] Por ejemplo, si hay hambre, debemos ponerle remedio, no podemos mantenernos ajenos a esa situación en espera de mejor tiempo y cosecha. Dejar de asistir a los que son materialmente pobres es cometer un homicidio indirecto, según el artículo 2269 del Catecismo.

Proceso de grupo o personal

- Defina la injusticia. ¿Cómo causa esto violencia y guerra? ¿Cómo podemos eliminarla o reducirla en nuestra familia humana?

- ¿Cómo podemos aceptar la enseñanza de la Iglesia sobre la pena de muerte más a cabalidad?

- Lea una edición del periódico de hoy de una gran ciudad. Haga un círculo indicando los casos sobre injusticia, asesinato y la muerte de vidas inocentes. ¿Cómo podría su parroquia, en conjunto, o los miembros individuales de su parroquia, ayudar a poner fin al derramamiento de sangre?

PARTE 2 ✦ LOS ARTÍCULOS 2270-2301 DEL *CATECISMO*

Asuntos de vida y muerte

El aborto

[14] La llamada que recibió el profeta Jeremías le llegó en forma de la palabra del Señor, el cual le habló tal vez en lo más recóndito del corazón. Palabras que todavía nos inspiran y nos llevan a la contemplación: "Antes de formarte en el vientre, te conocí". Creemos que, en el momento de la concepción, Dios pronuncia una palabra única a través de los cónyuges y de la generosidad de la madre.

[15] Esa palabra pronunciada por Dios es nada menos que la vida de la persona concebida. Nosotros, los humanos, somos colaboradores en este amor divino y creativo, y no debemos ser nunca imprudentes en cuanto a la concepción. La Iglesia siempre ha enseñado que hacerse un aborto intencionalmente es erróneo e inmoral.

[16] Desde los primeros años de la comunidad cristina, el aborto ha estado prohibido, así como también lo ha estado el homicidio de los recién nacidos. Del mismo modo, es malo cooperar con un aborto. Y, aunque los pastores de la Iglesia censuran esto, no es la intención de la Iglesia limitar el alcance de la misericordia de Dios

[17] Los pastores de la Iglesia quieren dejar bien claro el daño irreparable que se le hace a una criatura no nacida, el grave daño que se le hace a la vida espiritual de los padres, la degradación que acontece en la sociedad, el clima social que trata a la vida en general tan despectivamente y trivialmente, todo lo cual pone bajo amenaza al bien común.

[18] Debido a que esto es tan serio, la Iglesia enseña que toda persona que tome parte en la ejecución de un aborto, siempre que haya sido voluntariamente y que hayan entendido la gravedad de esta opción, se destituyen ellas mismas de la Iglesia, esto es, del Cuerpo de Cristo. Hasta que no reconozcan su error y su ofensa y se enmienden, se mantendrán fuera de la Iglesia.

[19] Debemos recordar que pudieran haber factores sicológicos o sociológicos que le impidieran a muchas personas el tener la libertad plena de tomar la opción de abortar un embarazo. Creemos que el gobierno debe proteger a aquellas personas que han sido concebidas, y ciertamente no debe promover el aborto como un medio para limitar la población.

[20] Además, para mantener un respeto profundo por la vida, nos oponemos a la producción de embriones, si existe la intención de abusarlos o destruirlos. Todos apoyamos los programas sociales que proporcionan atención a los padres que esperan un hijo y los ayudan medicamente y socialmente.

Creemos
Todo ser humano tiene derecho a una vida digna y plena desde la concepción hasta la muerte natural.

La eutanasia

[21] Las personas que están enfermas merecen un amor y un cuidado especial. Creemos que matar a alguien intencionalmente, aun cuando sea para terminar el dolor y el sufrimiento, es inmoral. Sin embargo, una persona puede rehusar los tratamientos médicos o pararlos, si dichos tratamientos son onerosos o peligrosos, extraordinarios o desproporcionados a los resultados.

[22] En estos casos uno no causa la muerte, sino que sencillamente acepta lo inevitable. El paciente debe ser quien decida esto, si tiene la facultad para hacerlo, y si no, la decisión es de los que tienen bajo su cuidado al paciente, cuya voluntad razonable e intereses legítimos deben respetarse. Usar analgésicos y drogas paliativas es permitido, aun a riesgo de acortar la vida, mientras que el motivo no sea terminar la vida, sino ofrecer alivio.

El suicidio

[23] Somos administradores de nuestras vidas, no sus dueños. Nuestra vida es un don que nos da el corazón de Dios, y debemos honrarla y cuidarla. Nuestra vida no es nuestra para disponer de ella, a nuestra forma y manera. Por eso enseñamos que el suicidio es malo. Es unilateral, esto es, parcial e injusto y causa un inmenso sufrimiento a la familia y a los amigos.

[24] Al igual que otras formas de homicidio, interrumpe el orden sagrado del bien común. Así es que, cometer suicidio o ayudar a alguien a hacerlo, está fuera de los ámbitos de la vida cristiana. Al mismo tiempo, los pastores de la Iglesia reconocen que algunas veces las personas afrontan situaciones en la vida que parecen insuperables, sufren de enfermedades mentales, se desesperan por una razón u otra, o le temen a las penas o a la tortura.

[25] Por encima de todo, confiamos en la misericordia de Dios, y rezamos con esperanza por aquellas personas que hacen esto, mas no las condenamos.

La investigación médica y científica

[26] Reconocemos que las investigaciones contribuyen a las curaciones y apoyamos los progresos de la salud pública. Tales investigaciones promueven la dignidad humana y deben aplaudirse. Los principios que guían dichas investigaciones se originan en el reconocimiento de que los seres humanos tenemos ciertos derechos y ciertas necesidades.

[27] Todas las investigaciones deben servir al ser humano y no hacerle daño por los experimentos perjudiciales, ni por tomar riesgos peligrosos. El trasplante de órganos es algo maravilloso y una acción buena, siempre y cuando el donante haya muerto por causas naturales o accidentalmente, y el beneficiario tenga una probabilidad razonable de sobrevivir.

El escándalo

[28] La palabra "escándalo" viene del griego y significa literalmente "piedra de tropiezo". Cuando ponemos ante alguien una piedra de tropiezo, tentando a esa persona, por ejemplo, a ser cómplice de una maldad, o a desechar el amor y todo lo que es bueno, estamos "escandalizando". Esto es inmoral siempre, y Jesús dio una advertencia severa a cualquiera que hiciera esto.

[29] El escándalo puede ser una ofensa personal, en su mayor parte, o pudiera ser institucional y público. Por ejemplo, los empresarios que incitan a la deshonestidad, o los grupos que toleran el chisme, son causantes de escándalo. Los maestros que provocan el enfado de los estudiantes, o los padres que no se preocupan por fundar familias de fe, son causantes de escándalo.

[30] Los ciudadanos acaudalados que acaparan el dinero y las propiedades, o los comerciantes que permiten el fraude, son causantes de escándalo. Cualquiera que usa el poder que tiene a su disposición de tal manera que arrastre a otras personas a hacer el mal, se hace culpable de escándalo. En el capítulo 17, versículo 1 del Evangelio de San Lucas, Jesús nos dice que, "Es inevitable que haya ocasiones de pecado; ¡pero ay de quien las provoque!".

El respeto de la salud

[31] El cuidado de la salud de las personas es un elemento vital para acrecentar el bien común, y la sociedad tiene el deber de procurar ese cuidado junto a otras necesidades básicas, como son: el alimento y el vestido; la vivienda y la educación; el empleo y la asistencia social. No obstante, estamos obligados como individuos a evitar el abuso de la comida, del alcohol, del tabaco y de las medicinas. Si somos adictos, debemos buscar ayuda. Si vendemos drogas ilegales y les sacamos ganancias, estamos dando escándalo y cooperando con el mal.

La tortura y el terrorismo

[32] El secuestro y el tomar rehenes son amenazas terribles y, por supuesto, que no les está permitido a los cristianos. Igualmente, el terrorismo —así sea personal o social— es gravemente contrario a la justicia y a la caridad. La tortura no está permitida nunca, ya sea para conseguir información y castigar a los culpables, para intimidar a los contrarios, o para satisfacer el odio y la venganza.

[33] Asimismo, las amputaciones de un ser humano vivo, excepto por razones médicas, son, siempre y del todo, actos malos. Tales crueldades se practicaban comúnmente en el pasado, y eran usadas por los gobiernos, sin que los pastores de la Iglesia protestaran. En efecto, los mismos pastores de la Iglesia usaron tales métodos en sus propios tribunales, sobre todo durante los años de la Inquisición.

[34] En tiempos recientes se ha hecho evidente que estas prácticas crueles no eran ni necesarias para el orden público ni conformes a los derechos legítimos de la persona humana. Por el contrario, estas prácticas condujeron a otras más degradantes. Ahora lamentamos esto, reconocemos nuestro error y nos afanamos para que esas prácticas se terminen en todo lugar.

El respeto a los muertos

[35] Los moribundos deben recibir cuidado, consuelo y ser ayudados con la oración. En el momento apropiado se les debe ofrecer los sacramentos que los preparan para la muerte. Enterrar a los muertos es una obra corporal de misericordia. La autopsia es permitida por razones legales o por alguna investigación médica. El donar los órganos de uno es una ofrenda generosa de vida. La incineración está permitida para los católicos.

Creemos

Debido al mal y a la injusticia que la guerra trae consigo, debemos hacer todo lo posible para evitar o finalizar una guerra. La carrera de armamentos es una gran maldición sobre la familia humana.

Proceso de grupo o personal

- ¿Por qué piensa que es tan difícil para nosotros, los seres humanos, tener una ética consistente de vida, que vaya desde la alimentación de los hambrientos y el cuidado de mujeres con hijos, hasta el proteger el final y el comienzo de la vida?
- El cuidado de nuestro propio cuerpo es una expresión de vivir este mandamiento. ¿Qué significa esto, en términos prácticos? ¿Cómo violamos este mandamiento en términos de salud física y mental?
- El escándalo es un pecado grave contra este mandamiento. Describa algunas situaciones que podrían ocurrir en el curso de la vida cotidiana donde podríamos participar en este tipo de actividad.

PARTE 3 + LOS ARTÍCULOS 2302-2317 DEL *CATECISMO*

Bienaventurados lo que construyen la paz

[36] Este mandamiento nos enseña una lección central en cuanto a gobernar nuestras pasiones, y a dominar y a curar nuestras emociones. Pues, si estamos indignados con alguien y dejamos que esa indignación crezca y se encone hasta llegar a un punto en que deseamos matar, en que deseamos venganza, o en que deseamos castigar a esa persona o herirla seriamente, entonces hemos pasado los límites y estamos en pecado grave.

[37] En ese caso, hemos permitido que nuestras emociones nos hagan unilaterales completamente. A menudo nos convertimos en el enemigo a quien deseamos fustigar. Por otro lado, si dejamos que nuestro enojo

fomente en nosotros un deseo de hacer justicia, de enseñar la gran verdad del amor y de la paz, entonces estamos viviendo en caridad.

[38] El odio voluntario es contrario a la caridad. Fomentar el odio hacia el prójimo o el enemigo es pecado grave porque se opone del todo al amor. Aun si el enemigo te ataca, el odio nunca puede ser tolerado. De hecho, el camino hacia la paz es la caridad y el amor, y hay que cultivar en nuestro corazón aquellos sentimientos que nos conducen por ese camino.

[39] Nosotros, los católicos, creemos que la paz es más que la ausencia de guerra. No está limitada a mantener un "equilibrio de fuerzas" entre los adversarios, ya sea a nivel personal, local o nacional. No, la paz es claramente obra de la justicia. Debemos salvaguardar los bienes de las personas, su libre comunicación y su libertad de pensamiento, el respeto a la dignidad de ellas, y buscar incansablemente el bien común. La paz es obra de la justicia y efecto de la caridad. Esa clase de paz se hace posible mediante la gracia, mediante el poderoso amor de Cristo.

Evitar la guerra

[40] Los pastores de la Iglesia instan a las personas a buscar la paz mediante las obras de justicia, que salvaguardan a todas las personas y a tratar de evitar la guerra por todos los medios. La obligación de buscar otras soluciones es de todos, pero si todo lo demás se agota, los gobiernos pueden actuar en legítima defensa propia.

[41] Tal defensa propia tiene condiciones estrictas que deben estar presentes y, dada la gravedad de la guerra, esta decisión ha de hacerse rigurosamente. El Catecismo explica estas condiciones en términos generales en el artículo 2309.

[42] Las siguientes condiciones deben estar presentes para justificar la guerra: "Que el daño causado por el agresor a la nación o a la comunidad de las naciones sea duradero, grave y cierto". "Que todos los demás medios para poner fin a la agresión hayan resultado impracticables o ineficaces". "Que se reúnan las condiciones serias de éxito". "Que el em-

pleo de las armas no entrañe males y desórdenes más graves que el mal que se pretende eliminar".

[43] Dado el poder y la devastación de una guerra moderna, y dado también el tamaño de las bombas modernas, es muy difícil, sino imposible, que estas condiciones estén presentes hoy en día. A estas condiciones las hemos llamado tradicionalmente la doctrina de la "guerra justa".

[44] Los gobiernos tienen el derecho y el deber de pedir a sus ciudadanos que trabajen en la defensa nacional y los que así lo hagan bajo juramento son servidores del bien común. Pero los gobiernos también deben tener en cuenta a aquellas personas que, por motivos de conciencia, rehúsan tomar las armas o participar en la violencia, para que puedan servir de otra manera.

[45] La ley moral prevalece durante la guerra. La guerra no quiere decir que de repente todo es lícito y moral. Por ejemplo, los ciudadanos que son espectadores inocentes, los heridos y los prisioneros deben ser respetados y tratados apropiadamente. Ninguna orden que sea contraria a la ley moral o a la ley internacional tiene que cumplirse.

[46] La obediencia a un mandato no excusa a nadie de cometer un crimen grave. Así por ejemplo, el genocidio es malo, y también lo es la violación a algún enemigo y la destrucción indiscriminada de ciudades enteras. El fin no justifica los medios.

[47] Un verdadero peligro de la guerra moderna es que proporciona la oportunidad a aquellos que poseen armas modernas, sobre todo las armas atómicas, biológicas o químicas, para que cometan tales crímenes. Nosotros, los católicos, tenemos fuertes reservas morales de que la doctrina de disuasión pueda efectivamente ganar la paz. En realidad, hace más intenso el riesgo de la guerra ya que no elimina las causas del odio, de la agresión y de la animosidad.

[48] Esto utiliza los recursos escasos que deben ser destinados a los pobres y aumenta en nosotros el sentido de la inseguridad. Algunos líderes hasta emplean el miedo para amedrentar al público a que confíe en ellos. Repetimos, el camino hacia la paz es la justicia arraigada en la

caridad. Lo que trae la guerra son las injusticias, las excesivas desigualdades económicas o sociales, la envidia, la desconfianza y la arrogancia entre las personas y las naciones.

Proceso de grupo o personal

- ¿Cómo podemos nosotros, como individuos, participar en el proceso de paz? ¿Cómo podemos contribuir a la guerra?

- A menudo nos sentimos como si no hubiera nada que nosotros, como individuos o pequeños grupos, pudiéramos hacer para crear la paz y finalizar la guerra. ¿Es esto correcto? ¿Por qué o por qué no?

- ¿Cuándo se han justificado guerras en el pasado? ¿Cuándo han estado injustamente comenzadas y luchadas? ¿Cuál es su experiencia personal de tales guerras?

Oración

Oh Señor, Tú has puesto delante de nosotros hoy —la vida y la prosperidad, la muerte y el mal—. Ayúdanos a obedecer los mandamientos que Tú nos has dado, para amarte con todo nuestro corazón, andando tus caminos, y observando tus mandamientos, decretos y ordenanzas. Sabemos que vamos a vivir y a llegar a ser numerosos, y Tú, Señor, nos bendecirás en la tierra donde vivimos. Ayúdanos para que nuestros corazones no se alejen de Ti. Te lo pedimos por Cristo, nuestro Señor. Amén. (**Deuteronomio 30:15-17**)

Sesión Cinco

Llamado a la Castidad: 6to y 9no Mandamientos

Basado en los artículos 2331-2391 y 2514-2527 del *Catecismo de la Iglesia Católica*. Para leer un resumen de esta sección, consulte los artículos 2392-2400 y 2528-2533 del *Catecismo*.

Introducción

Al crear al ser humano hombre y mujer, Dios da la dignidad personal a uno y al otro. Cada uno de ellos, hombre y mujer, debe reconocer y aceptar su identidad sexual. Castidad significa la integración plena y completa de la sexualidad dentro de la persona. La alianza que los esposos contraen libremente implica un amor fiel. Se les impone la obligación de mantener su matrimonio indisoluble. El noveno mandamiento advierte sobre la lujuria o la concupiscencia carnal.

Sagrada Escritura

Lector: Lectura del Santo Evangelio según San Mateo

Ustedes han oído que se dijo: *No cometerás adulterio.* Pero Yo les digo que el que mira con malos deseos a la mujer (o al hombre) de otro, ya cometió adulterio con ella (o con él) en el fondo de su corazón. Así es que, si tu ojo derecho es para ti ocasión de pecado, sácatelo y arrójalo lejos de ti. Más te vale perder una parte del cuerpo que ser arrojado entero al infierno. Y si tu mano derecha es para ti ocasión de pecado, córtatela y arrójala lejos de ti. Más te vale perder una parte del cuerpo que ser arrojado entero al infierno. (**Mateo 5:27-30**)

Lector: Palabra del Señor

Todos: Gloria a Ti, Señor Jesús

PARTE I ✦ **LOS ARTÍCULOS 2331-2347 DEL** *CATECISMO*

Dios es Amor

[1] El sexto mandamiento, a primera vista, parece negativo, pues forma parte de la lista de los "no harás esto o aquello", pero en realidad, es un llamado positivo a amar intensamente, profundamente y divinamente. "No cometerás adulterio", nos dice el libro del Éxodo en el capítulo 20, versículo 14. Jesús, en su famoso "Sermón de la Montaña" que encontramos en los capítulos del 5 al 7 del Evangelio de San Mateo, fue más allá de este mandamiento, y dijo que esconder lujuria en el corazón es adulterio.

[2] Nosotros creemos que Dios, el Amor Divino, inscribió en nuestro corazón una cierta vocación, una vocación que recibe cada hombre y cada mujer, y es la vocación de amar. Se puede decir que ésta es una llamada a ser como Dios pues, como ya hemos dicho, Dios es amor. El doble propósito de nuestra sexualidad es amar y procrear; ambas cosas tienen que mantenerse en equilibrio cuando un hombre y una mujer se casan.

[3] Para nosotros, los humanos, nuestra sexualidad afecta todos y cada uno de los aspectos de nuestra vida. El Catecismo nos recuerda esto en el artículo 2333: "Corresponde a cada uno, hombre y mujer, reconocer y aceptar su identidad sexual". Entre el hombre y la mujer existen tanto diferencias como similitudes, y la armonía de la sociedad depende de la manera en que esas diferencias y similitudes sean vividas. El hombre y la mujer tienen igual dignidad. Cada uno de los dos es imagen del poder y de la ternura de Dios. Cuando se unen en matrimonio se hacen eco del amor de Dios.

Creemos

Castidad significa la plena integración de la sexualidad de una persona en lo que significa ser una persona. Incluye aprender a vivir con autocontrol.

La castidad

[4] Ser una persona casta significa haber logrado integrar la propia sexualidad en su persona de manera que se llega a crear una unidad interior entre lo corporal y lo espiritual. La sexualidad es física. Se hace verdaderamente humana cuando está integrada en una relación amorosa de persona a persona en un compromiso para toda la vida.

[5] La castidad nos conduce a mantener el propósito y las metas de las fuerzas de la vida y del amor que forman parte de nosotros. Se opone a una duplicidad de vida y de lenguaje que amenace o viole ese propósito y esas metas. La castidad hay que aprenderla. O la aprendemos y encontramos la paz o dejamos que nos dominen las pasiones y somos infelices.

[6] Debemos de oponernos a la idea, tan común de hoy en día, de que "nada es malo". En efecto, para conseguir la integridad y el bienestar, nosotros los humanos debemos conocernos a nosotros mismos, así como ser abnegados, fieles, sinceros, comprometidos y practicar la oración. Es esencial aprender a vivir dentro de nuestros límites, y este aprendizaje es un esfuerzo que dura toda la vida.

[7] Este esfuerzo nos permite pasar por épocas de crecimiento durante las cuales nos vamos convirtiendo en personas libres y muy comprometidas con Dios y con la Iglesia. Nos vamos gradualmente convirtiendo en personas más y más amorosas. La educación debe reflejar los aspectos morales y espirituales de la vida humana en todas sus dimensiones. Recuerda que, al final, es el Espíritu Santo quien nos concede la gracia de la castidad.

[8] Nos entregamos mutuamente por amor, y la capacidad para entregar lo mejor de nosotros mismos se desarrolla en la práctica de la castidad. En otras palabras, la castidad emana de la caridad, y ambas conducen a Dios. La castidad florece en la amistad, lo cual nos permite entregarnos mutuamente. Como nos recuerda el Catecismo en el artículo 2347, "Desarrollada entre personas del mismo sexo o de sexos distintos, la amistad representa un gran bien para todos; conduce a la comunión espiritual".

Proceso de grupo o personal

- ¿Cómo aprendemos sobre la castidad a lo largo de nuestra vida hacia un amor más grande y una mayor amistad?
- ¿Cómo es que uno "integra su propia sexualidad" a la estructura misma de la vida?
- ¿Cómo es que la cultura y la sociedad en la que usted vive ya sea contribuye o desafía su llamado a la castidad?

PARTE 2 ✛ LOS ARTÍCULOS 2348-2379 DEL *CATECISMO*
Todos son Llamados

[9] El bautismo implica un llamado a la castidad, según nuestro estado de vida. Algunas personas se consagran al celibato, lo cual les permite amar y servir de una manera particular y generosa. Otras personas eligen permanecer solteras por toda la vida. Y muchas otras personas se casan, mas, también éstas deben practicar la castidad como parte de la actividad sexual. La Iglesia siempre ha enseñado que todos estos estados de vida deben considerarse loables.

Los desafíos de la castidad

[10] Decimos que la lujuria es algo muy serio que nos hace pecar en nuestra vida humana, porque es unilateral por naturaleza, o sea, es desigual, y por tanto, injusta. Si buscamos el placer sexual solo para nosotros mismos, y de maneras egoístas y ensimismadas, al margen de los aspectos de la procreación y del amor, cometemos lujuria.

[11] La masturbación es normalmente unilateral, ya que es una actividad sexual desigual, sin la entrega que le da sentido a la vida. Al juzgarnos nosotros mismos sobre esto, debemos tener en cuenta nuestra

madurez emocional, la fuerza de los hábitos contraídos, el estado de ansiedad y otros factores sicológicos.

[12] Todo esto pudiera reducir e incluso eliminar este vicio moral como tal. El acto sexual entre parejas no casadas, lo cual se conoce como "fornicación", viola la dignidad humana y conduce a menudo a utilizar una persona a la otra por motivos egoístas y unilaterales. La pornografía es ciertamente y del todo unilateral, pudiera decirse que ausente de amor completamente. No existe aquí la entrega íntima y mutua de las personas sino que siempre una persona utiliza a la otra con fines egoístas y unilaterales.

Creemos
El pacto en el que los cónyuges entran en el matrimonio conlleva un permanente, monógamo, libremente dado, y fiel amor.

[13] La prostitución también es unilateral, pues un protagonista utiliza al otro, aun por dinero, para obtener un placer momentáneo. En la prostitución, ambos protagonistas se hieren profundamente, pero no siempre se puede culpar a la persona proveedora, ya que pudiera tratarse de alguien en la miseria, o con temor de ser lastimada por el empresario de su trabajo.

[14] La violación no es tanto un pecado contra la sexualidad y la castidad, sino más bien, un pecado de violencia. Nunca se puede justificar la violación, ni decir que en ésta o en aquella ocasión es moral. Siempre es un pecado grave. Aún más terrible es la violación de los niños por sus padres.

La castidad y la homosexualidad
[15] Algunas personas experimentan una atracción exclusiva hacia personas del mismo sexo. A esto se le designa con el nombre de "homosexualidad" y ha habido muchas formas de la misma a través de la

historia. La homosexualidad parece resistirse al cambio y está arraigada profundamente en la persona. La Iglesia no tolera la actividad sexual entre las personas homosexuales.

[16] Sin embargo, hay muchas mujeres y muchos hombres que experimentan esta orientación instintivamente. Nadie escoge ser homosexual, como nos recuerda el artículo 2358 del Catecismo. Estas personas deben ser respetadas y tratadas con compasión y delicadeza; además, no debe haber ninguna discriminación contra ellas. Al igual que todos los demás, las personas homosexuales están llamadas a practicar la castidad dentro de su amistad.

La castidad y el matrimonio
[17] El amor sexual dentro del matrimonio no es puramente un acto biológico. Este amor sexual está reforzado de gran significado y espiritualidad y afecta al núcleo íntimo de la persona. Creemos y enseñamos que este amor pierde su significado y lesiona el espíritu humano, a menos que se realice solamente entre un hombre y una mujer que se han comprometido entre sí de por vida.

[18] El amor sexual es honesto y digno; supone la entrega y la generosidad; enriquece a los cónyuges con alegría y placer. El amor sexual tiene dos fines: el amor mutuo de los cónyuges y la concepción de la prole.

[19] En el matrimonio, el hombre y la mujer se entregan mutuamente para toda la vida y prometen ser fieles hasta la muerte. Ellos se convierten en "una sola carne", como dice la Escritura. La fidelidad del matrimonio se hace eco de la fidelidad de Dios para con nosotros. Es aquí donde dos personas se toman en los brazos recíprocamente y fundamentalmente dicen: "Tú lo eres todo para mí".

[20] Es aquí donde dos personas comparten el mismo sueño y donde planean pasar sus vidas, no malgastarlas, pues se las pasan atendiendo sus necesidades mutuamente. Es aquí donde dos personas ponen las necesidades de la otra por encima de la propia y llegan a tener una sola voluntad y un solo corazón. El don de un hijo o de una hija para la

pareja brota desde lo más íntimo de ellos, de su amor mutuo y del amor sexual que se tienen.

[21] Este don es parte implícita de todo acto sexual. De aquí que las parejas casadas tengan y críen a sus hijos, los eduquen, los amen, los cuiden y les extiendan a sus hijos su propio amor mutuo. Debido a que ésta es una obra grande y de gran envergadura, las parejas pudieran desear regular o espaciar los nacimientos de sus hijos.

[22] Mientras que esto no se deba a un egoísmo por parte de ellos, es noble y correcto hacerlo y es parte de una paternidad responsable. Los métodos que utilicen para hacer esto deben ser de carácter moral. La Iglesia enseña que las parejas deben, en cuanto sea posible y según su propia conciencia, gozar del amor sexual y regular la concepción, según los ritmos de los ciclos fecundos, cuya práctica se conoce como la planificación natural de la familia.

[23] El Estado nunca debe usurpar los derechos de las parejas a tener hijos según su vocación y llamado interior a la paternidad o maternidad. Los hijos traen consigo muchas bendiciones para el hogar. La Iglesia estimula la investigación médica para aquellas parejas que no pueden concebir, pero que desean tener un hijo.

[24] Dichas investigaciones deben siempre vigilar el verdadero significado de los valores del matrimonio que ya hemos mencionado antes, como son la vida, el amor, la permanencia, la entrega y una realización humana profunda. Debemos recordar que un hijo no es una propiedad, no es algo que se "posee", ni algo que nadie nos "debe". No poder tener hijos no es un mal, y pudiera conducir a mucho bien. A menudo conduce a las parejas a adoptar niños que han sido abandonados, o a entregarse al servicio y a la caridad más allá de lo común.

Proceso de grupo o personal

- ¿Cómo es que las personas solteras, las personas que están en la vida religiosa o sacerdotal, o las personas casadas pueden progresar de ser unilaterales, o de enfocarse sólo en sí mismas, a ser más amorosas y centradas en los demás?

- Parte del ser amoroso hacia los demás, no importa con quien usted viva, es el afirmarlos a ellos. Piense en maneras como usted puede afirmar a los de su círculo inmediato. Compartan esto entre sí.

- Muchas parejas católicas regulan el número de hijos que tienen, lo cual está de acuerdo con la enseñanza y la tradición católica. ¿Qué formas morales pueden seguir ellos?

PARTE 3 + **LOS ARTÍCULOS 2380-2391 & 2514-2527 DEL CATECISMO**

Los desafíos del matrimonio

[25] Desde la antigüedad, el pueblo de Dios ha enseñado que el adulterio es malo. Rompe la promesa del matrimonio, y es egoísta y unilateral. El adulterio es una injusticia, pues viola los derechos del otro cónyuge, atenta contra la institución del matrimonio y compromete el bien de tener hijos. Los Evangelios no hablan mucho de asuntos relacionados con la sexualidad, pero en cuanto a la cuestión de que el matrimonio es para toda la vida, Jesús parece ser insistente.

[26] El Derecho Canónico de la Iglesia se hace eco de esta posición tan firme cuando dice, sin lugar a dudas, en el Canon 1141, que el matrimonio entre los bautizados no puede ser disuelto por nadie ni por nada, fuera de la muerte.

[27] Por supuesto que esto solo es cierto, si se entró en el vínculo matrimonial sin impedimentos y con completa libertad. Los cónyuges

pueden separarse durante su matrimonio, y el divorcio civil puede ser aceptable para proteger ciertos derechos legales, para protegerse uno de la violencia o del abuso, para proveer el debido cuidado de los hijos o para proteger un patrimonio. Bajo tales circunstancias el divorcio civil pudiera ser la mejor opción moral.

[28] Pero sin esas buenas razones, el divorcio atenta contra nuestro caminar en la vida hacia la santidad y la paz. Rompe el contrato que hizo la pareja frente a Dios y a todos; lesiona a los cónyuges y a sus hijos; perturba el bien común y, si un cónyuge es abandonado, el daño es aún mayor. En este último caso, por supuesto que el cónyuge abandonado está en buena posición moral, pues él o ella ha tratado de ser fiel.

[29] El divorcio civil, en general, por cualquier otra razón fuera de las citadas anteriormente, es una ofensa moral grave. Los hombres cristianos y las mujeres cristianas tienen sólo un cónyuge, porque la poligamia desequilibra la idea de que cada cónyuge tiene igual dignidad en la alianza matrimonial. El incesto corrompe las relaciones familiares y sugiere la existencia de una sexualidad morbosa.

Creemos
La pureza del corazón nos permite mantenernos cerca de Dios. Nos ayuda a ver el mundo como Dios lo ve. Esto requiere oración, honestidad, castidad, y un compromiso de parte nuestra.

[30] El abuso sexual de niños y adolescentes es escandaloso, y el daño que hace por lo general dura para toda la vida. Es un comportamiento enfermizo que va en contra de la ley civil y de la ley moral.

[31] Cuando una pareja vive junta sin el provecho del matrimonio, comparten una intimidad sexual y hasta tienen niños, se hacen daño ellos mismos. La falta de un compromiso a largo plazo de fidelidad crea una situación en que ninguna de las dos personas puede estar segura de que puede verdaderamente y firmemente depender de la otra. ¿Está esta clase de unión basada en la confianza mutua? O, ¿está basada en el

deseo de un "amor" a corto plazo? O, ¿está basada en la falta de seriedad? Cualquiera que fuese la razón, la Iglesia no reconoce esta unión, y por lo tanto, es una ofensa moral seria. Ciertamente no se reconoce como una preparación para el compromiso matrimonial.

El noveno mandamiento

[32] "No codiciarás la mujer de tu prójimo", dice el capítulo 20, versículo 17 del libro del Éxodo. Aunque el versículo 17 sigue describiendo otras formas de codicias, la tradición católica ha considerado que esta frase comprende el noveno mandamiento. Nosotros le damos un nombre a ese intenso deseo humano de tener y poseer lo que pertenece a otra persona; lo llamamos "concupiscencia".

[33] En el tiempo en que fue escrito el Éxodo, las esposas eran consideradas propiedad de sus esposos. Y aunque esto ya no es así en la mayor parte del mundo, ha quedado una inclinación humana y tenebrosa a ansiar y a añorar lo que debemos dejar tranquilo. San Pablo, sin embargo, nos urge a obrar según el Espíritu, si es que verdaderamente vivimos según el Espíritu, a revestirnos de Cristo, a dejar a un lado los deseos unilaterales y parciales y a conformar nuestros deseos al amor. Solamente haciéndolo así encontraremos la felicidad.

[34] Pero purificar el corazón es una lucha, pues una vez que esos deseos profundos y que esa fantasía emocional y lujuriosa se han apoderado de nosotros, se nos hace muy difícil escaparnos de sus garras. "Bienaventurados los limpios de corazón", dice Jesús en el Sermón de la Montaña. Bienaventuradas son aquellas personas cuyos corazones están en armonía con el amor, que ponen a los demás por encima de ellas, que practican la caridad hacia los demás, y que siguen el camino de Dios.

[35] Los limpios de corazón ven el cuerpo humano, con todas sus posibilidades de estimularnos y de darnos placer, como un templo del Espíritu Santo. La incitación y el estímulo sexual son cosas maravillosas, pero sólo cuando se comparten dentro del matrimonio pueden condu-

cir a la paz y al gozo, y aun entonces, sólo cuando el amor está presente. [36] La pureza exige el pudor y el pudor significa vestirse, hablar, pensar, mirar y actuar siempre con moderación. El pudor protege el misterio de las personas y su amor. Invita a la paciencia y a la moderación en la relación amorosa. Evita la fascinación de la moda, de exhibirnos demasiado. En algunas culturas el pudor tiene más valor que en otras, pero todos los cristianos deben de tener pudor y enseñárselo a sus hijos e hijas. Debemos influir en nuestros medios de comunicación para reducir el erotismo difuso y la ilusión sexual.

[37] Al final, los mandamientos sexto y noveno exigen de nosotros una auto-disciplina y una profunda espiritualidad cristiana, para optar siempre por el amor. De esta manera experimentaremos morir a nosotros mismos ¡y resucitar con gran gozo!

Proceso de grupo o personal

- En la exposición general del día a día a los medios de comunicación y a la publicidad, ¿cuán grande es el papel que juega la fantasía sexual en atraer clientes? ¿Cuál es su propia respuesta a eso?

- ¿Cómo podemos aprender autodisciplina y enseñársela a los demás?

- ¿Cómo son bendecidos los "puros de corazón"?

Oración

Tú nos has hecho para el amor, Oh Dios, y ahora nos comprometemos a seguir el camino que has establecido para nosotros. Con tu sabiduría divina, has implantado en nosotros el deseo de formar matrimonios y comunidades de amor. Envía tu Espíritu a nosotros ahora para que podamos dominar nuestros deseos egoístas y dirijamos nuestros corazones hacia los demás, reflejando tu propio corazón divino. Hacemos esta oración por Cristo, nuestro Señor. Amén.

Sesión Seis

POSESIONES, CODICIA, Y GENEROSIDAD: 7MO Y 10MO MANDAMIENTOS

BASADO EN LOS ARTÍCULOS 2401-2449 AND 2534-2550 DEL *CATECISMO DE LA IGLESIA CATÓLICA*. PARA LEER UN RESUMEN DE ESTA SECCIÓN, CONSULTE LOS ARTÍCULOS 2450-2463 Y 2551-2557 DEL *CATECISMO*.

Introducción

El séptimo mandamiento nos llama a la práctica de la justicia y de la caridad en la manera en que manejamos y administramos los bienes terrenales y los frutos de nuestro trabajo. Los bienes de la creación están destinados a todo el género humano. El derecho a la propiedad privada no suprime la finalidad universal de los bienes. El dominio concedido por el Creador sobre los minerales, los vegetales, y los recursos animales del universo no puede ser separado del respeto de las obligaciones morales, incluso los de las generaciones venideras. El décimo mandamiento prohíbe la avaricia que surge de la pasión por las riquezas y el poder que esto conlleva.

Sagrada Escritura

LECTOR: Lectura del Santo Evangelio según San Mateo

No acumulen para sí tesoros en la tierra, donde la polilla y el óxido destruyen, y donde los ladrones se meten a robar. Más bien, acumulen para sí tesoros en el cielo, donde ni la polilla ni el óxido carcomen, ni los ladrones se meten a robar. Porque donde esté tu tesoro, allí estará también tu corazón. Nadie puede servir a dos señores, pues menospreciará a uno y amará al otro, o querrá mucho a uno y despreciará al otro. No se puede servir a la vez a Dios y al dinero. (MATEO 6:19-21, 24)

LECTOR: Palabra del Señor

TODOS: Gloria a Ti, Señor Jesús

PARTE I ✢ LOS ARTÍCULOS 2401-2415 DEL CATECISMO

Las posesiones, la codicia y la generosidad

[1] "No robarás", nos dice el libro del Éxodo en el capítulo 20, versículo 15. Para nosotros, los cristianos, esto significa que cada vez que tenemos o tomamos más de lo que nos corresponde, cada vez que actuamos injustamente y sin caridad, cada vez que violamos el derecho a la propiedad privada, vivimos al margen de este mandamiento.

[2] Desde el principio, la tierra y sus recursos se nos han confiado a nosotros, los humanos, para su uso y su protección. Estos recursos no se les han dado a una minoría de personas, sino a todas, para que los compartamos equitativamente.

[3] Aunque seamos los dueños de terrenos u otra propiedad personal, estamos obligados a tener en cuenta las necesidades de aquellas personas que nos rodean las cuales carecen de los medios para mantenerse ellas y sus familias. Nadie puede tener más de lo que justamente le corresponde.

[4] En realidad, todo lo que tenemos ahora se nos ha confiado temporalmente. Todo permanecerá siempre como parte de una "herencia global" que pertenece a toda la humanidad, tanto a los que están ahora vivos, así como a los que todavía están por nacer. Los bienes de producción, tales como tierras y fábricas, profesiones y talentos, deben utilizarse para el provecho de todas las personas.

[5] Hay que consumir con moderación y reservar la porción mayor para los enfermos y los pobres. Los gobiernos tienen el derecho y el deber de regular el derecho de propiedad en vistas a lograr este fin. En otras palabras, debemos ser moderados, justos y estar siempre orientados hacia el bien común.

Creemos

Los bienes de la creación están destinados a ser compartidos por toda la familia humana. El derecho a la propiedad privada no nos exime de la obligación de compartir generosamente.

¿Cuándo robamos?

[6] Cada vez que tomemos algo que no nos pertenece, sin el consentimiento del dueño, robamos. Si la negación del dueño a darnos algo es irrazonable o causa perjuicio, no estamos robando si igual lo tomamos. Esto es mucho más imperante en los casos de necesidad urgente, tal como tomar alimento cuando estamos pasando hambre o usar un albergue cuando no lo tenemos.

[7] Pero si pedimos algo prestado y nos quedamos con ello, o si no devolvemos lo que nos encontramos, o si entramos en negocios fraudulentos, o si pagamos sueldos injustos, o si forzamos un aumento de precio injusto o ilegal, robamos.

[8] Además, si engañamos para afectar ciertas decisiones, o si tomamos cosas de una compañía para nuestro uso personal, o si hacemos un trabajo mediocre a propósito, o si tratamos de evadir los impuestos, o si falsificamos cheques o facturas, o si gastamos o malgastamos excesivamente, o si dañamos una propiedad a propósito, robamos.

[9] También, si rompemos promesas o contratos, o si dejamos de pagar las deudas justas, o si descuidamos una propiedad que está bajo nuestro cuidado, robamos. En estos casos, estamos obligados a la restitución, esto es, a pagar por lo que hemos robado y a reparar la injusticia cometida.

[10] Jugar a las barajas, lo mismo que jugar por dinero, no van en contra de este mandamiento, a menos que nuestro apasionamiento por el juego nos envuelva. Sin embargo, las apuestas injustas y las trampas en los juegos, por supuesto que constituyen una ofensa moral grave. Esclavizar a otras personas está estrictamente prohibido por este mandamiento.

Los recursos de la Tierra

[11] El uso de los recursos de la Tierra debe tener como base el respeto por la integridad de la misma. No podemos abusar de las plantas, ni de los animales, ni de los minerales. No podemos consumir más de lo que la Tierra puede razonablemente producir y reemplazar. Ninguna persona ni ningún grupo de personas de una nación puede tomar tanto de estos recursos para sí, que como consecuencia, otros sufran ahora o en las generaciones venideras.

Proceso de grupo o personal

- De lo que lee usted aquí, ¿cuán fácil es para nosotros el no estar conscientes de que tenemos más de lo que necesitamos, o de que estamos tomando lo que no nos pertenece?

- ¿Cómo podemos crear un sistema económico justo en el que los bienes de la tierra sean compartidos por todos? ¿Por qué algunos tienen mucho más que otros?

- Lea la declaración de fe # 9 de nuevo y hable acerca de cómo podemos cuidar de la creación con mayor fidelidad. ¿A qué debemos renunciar? ¿Qué debemos hacer o dejar de hacer?

PARTE 2 ✢ **LOS ARTÍCULOS 2416-2442 DEL** *CATECISMO*

El cuidado de los animales

[12] Este mandamiento nos obliga a tratar a los animales con delicadeza y cuidado. Somos sus administradores y además, ellos no son servidores nuestros. Es aceptable servirse de los animales para el alimento y el vestido. Podemos domesticarlos para que nos ayuden en nuestro trabajo y en el recreo.

[13] Los experimentos médicos y científicos en animales son prácticas moralmente aceptables, mientras que permanezcan dentro de un marco razonable y contribuyan a cuidar o a salvar vidas humanas. Nuestro sentido de la dignidad humana nos conduce a enseñar que no debemos nunca causar que los animales sufran o mueran innecesariamente.

[14] Asimismo, no es caritativo gastar en ellos el dinero que debería destinarse a remediar la miseria humana. Podemos amar a nuestros animales, pero no darles a ellos el afecto debido únicamente a las personas, como nos lo recuerda el artículo 2418 del Catecismo.

La enseñanza social católica

[15] Creemos que el Evangelio nos revela cómo los hombres y las mujeres debemos vivir juntos. Por tanto, los pastores de la Iglesia emiten juicios sobre asuntos económicos y sociales, cuando así lo exigen los derechos humanos fundamentales o el cuidado de nuestra espiritualidad.

[16] Las enseñanzas de la Iglesia sobre esto han pasado por un proceso de desarrollo. El origen de este desarrollo fue en el siglo diecinueve, en los comienzos de la sociedad industrial. A medida que los tiempos cambian, la Iglesia va clarificando sus enseñanzas a la luz del Espíritu Santo.

[17] Por tanto, enseñamos que los factores económicos no son la base en que se funda la familia humana. El lucro no es la medida exclusiva del progreso social ni tampoco es el fin de la actividad económica. La

medida y el fin de la actividad económica son la familia humana, esto es, la seguridad, el confort y el bienestar de la misma.

CREEMOS
El objetivo de toda actividad económica debe ser la atención y la realización de cada ser humano; no podemos hacer que el beneficiarnos sea nuestra única meta. Todos deben tener la oportunidad de trabajar.

[18] Así es que, aunque no tenga sentido económico según las últimas teorías sobre la economía, los bienes de la Tierra deben llegar a cada persona, de acuerdo a la justicia y a la caridad. Si esto no se logra, el resultado es la guerra y el terrorismo, ya que las personas y los pueblos lucharán para obtener lo que les es debido.

[19] Los pastores de la Iglesia han rechazado el totalitarismo, el comunismo y el socialismo. Pero también han rechazado la forma de capitalismo que pone el lucro por encima del bienestar humano. Los pastores de la Iglesia apoyan la regulación razonable del mercado en vistas a la protección del trabajador y a la distribución justa de los bienes.

[20] Trabajar es un derecho y un deber de todos, y trae consigo la dignidad humana. Cuando trabajamos realizamos nuestro destino humano, esas capacidades que Dios inscribió en nosotros. Todo trabajador debe ganar lo suficiente para vivir, tanto en cuanto a salario, así como en beneficios y en otros bienes. Cada persona tiene el derecho de iniciar un negocio y de utilizar sus talentos para sustentarse.

[21] Los empresarios, sus empleados y el gobierno deben trabajar juntos para negociar la compensación. Los gobiernos también deben proporcionar las debidas libertades, un sistema monetario estable, los derechos a la propiedad privada y servicios públicos eficientes que hagan posible iniciar y mantener los negocios.

[22] Los gobiernos deben también asegurarse de que los derechos humanos sean respetados en cada empresa, pero son los empresarios

los primeros responsables de esto. A cada trabajador se le debe dar la oportunidad de trabajar y las profesiones deben estar abiertas a todas las personas sin discriminación por el sexo, la salud o la nacionalidad.

[23] Por supuesto que los salarios justos son una exigencia y los trabajadores pueden declararse en huelga si no se les paga, mientras que no haya violencia. En el plano internacional del mundo de hoy hay algunas naciones que son ricas y muchas que son pobres. Esta desigualdad se debe a la avaricia, a la carrera de armamentos y a sistemas financieros injustos.

[24] Las naciones ricas tienen una responsabilidad moral grave respecto a aquéllas que son pobres, para ayudarlas a desarrollar un sistema económico que pueda proporcionar los medios necesarios para su pueblo.

[25] Y al mismo tiempo las naciones ricas deben, por caridad, proporcionar auxilio inmediato a las naciones pobres, sobre todo durante catástrofes y epidemias. Los esfuerzos de los países pobres por su desarrollo y liberación deben ser apoyados. Los pastores de la Iglesia no deben intervenir en los negocios de las naciones, pero los laicos católicos deben aplicar su fe y conducir a sus naciones por el camino de la caridad.

Proceso de grupo o personal

- ¿Quién es rico en la actualidad? Compare su propia riqueza a la de la persona promedio en el mundo. ¿Cómo se compara usted?
- Lea las declaraciones de fe # 19-20 de nuevo. ¿Cómo esta enseñanza nos desafía a nosotros, los cristianos, a tener un gran corazón por los pobres, y también a luchar para poner fin o reducir la pobreza? ¿Qué podemos hacer para lograr este objetivo?

PARTE 3 ✢ **LOS ARTÍCULOS 2443-2449 & 2534-2550 DEL** *CATECISMO*

El amor a los pobres

[26] Amar a los que son pobres materialmente ha sido por largo tiempo parte de la vida cristiana. Los pobres ocupaban también el centro de las enseñanzas de Jesús y a menudo los primeros en recibir a Jesús eran ellos. De hecho, vemos en el capítulo 25 del Evangelio de San Marcos que el amor a los pobres es la prueba por la cual somos juzgados dignos de entrar en el Reino de Dios.

[27] Esta es una enseñanza difícil para los ricos y que a menudo pasamos por alto. Toda persona que tenga más de lo que necesita para sus necesidades básicas y para aquellas aspiraciones propias de la dignidad humana, tales como la educación y el cuidado de la salud o una pensión en la vejez, le está robando al pobre el resto de lo que posee. Lo que se le debe al pobre por justicia, no debe ofrecérsele como una limosna por caridad. Cuando atendemos a los pobres compartiendo nuestros bienes con ellos, les damos lo que es de ellos y no de lo nuestro, como nos lo recuerda el artículo 2446 del Catecismo.

Las obras de misericordia

[28] Estamos llamados a hacer obras espirituales de misericordia, tales como instruir, aconsejar, consolar, confortar, perdonar y sufrir con paciencia. También estamos llamados a hacer obras corporales de misericordia, tales como dar de comer al hambriento, dar techo a quien no lo tiene, vestir al desnudo y visitar a los enfermos y a los presos.

CREEMOS

Este mandamiento nos enseña a evitar la codicia y la envidia al seguir a Jesús más de cerca, amando a los pobres como nuestros hermanos y hermanas, y practicando el arte del amor de entrega.

El décimo mandamiento

[29] "No desearás la casa de tu prójimo", nos dice el capítulo 20, versículo 17 del libro del Éxodo y continúa: … "ni su siervo, ni su sierva, ni su toro, ni su burro, ni nada de cuanto le pertenezca". El décimo mandamiento cambia el enfoque de esa inclinación de desear lo que no es nuestro, a poner el enfoque en el corazón.

[30] Nosotros, los humanos, tenemos apetitos, impulsos fuertes de comer cuando tenemos hambre, de calentarnos cuando tenemos frío, de probar este alimento o aquella bebida. Estos apetitos de por sí son naturales y buenos, pero nos pueden conducir a excesos, o a desear lo que no es nuestro y pertenece a otra persona.

[31] El décimo mandamiento prohíbe la avaricia y el deseo de acumular sin límites los bienes terrenos. Si tenemos una pasión desmedida por las riquezas y por el poder que ellas traen consigo, estamos al margen de este mandamiento. Si soy un comerciante que desea que haya escasez para poder subir los precios, un médico que quiere que la gente se enferme o un abogado que desea que la gente tenga problemas, estoy al margen de este mandamiento.

[32] Este mandamiento nos urge a detectar la envidia cuando surge en nuestro corazón. La envidia conduce a menudo al odio, al chisme, a alegrarnos del infortunio de otras personas, o a disgustarnos cuando a alguien le va bien. Pero nosotros, los cristianos, aprendemos de Jesús, nuestro Maestro, a alegrarnos con el éxito de los demás y a celebrar cuando otras personas son felices.

[33] Nosotros cooperamos con la gracia y actuamos de acuerdo al Espíritu, esto es, con buena voluntad y humildad. La Iglesia nos recuerda que Jesús nos enseñó a no tenerle apego a las riquezas para poder entrar en el Reino de Dios. "Bienaventurados los pobres de espíritu", nos dice San Mateo en el capítulo 5. En otras palabras, si deseamos ser felices debemos buscar el consuelo en las cosas espirituales, no en las materiales.

[34] Al fin de cuentas, el deseo humano y profundo de ser feliz, y que siempre nos conduce a Dios, nos libera para no apegarnos demasiado a las cosas materiales. De hecho, la verdadera felicidad, y aun la verdadera riqueza, se consiguen sólo cuando damos lo que tenemos sin esperar alabanza o atención.

[35] Cuando nos vaciamos nosotros mismos y también nuestros bolsillos, ganamos la plenitud de la vida en Cristo. Cuando aprendemos a morir financieramente a nosotros mismos, cuando nos disponemos a amar a los pobres, cuando confiamos nuestra salvación solamente a Dios, encontramos la paz que buscamos.

Proceso de grupo o personal

- ¿Por qué es tan difícil que la gente se desprenda de su dinero y de sus propiedades?
- Cuando nos entregamos en el amor dejamos ir incluso aquellas cosas que nos son más queridas; aprendemos el arte del despego de las cosas y del apego al amor. ¿Qué está usted llamado a contribuir a esto? ¿De qué está llamado usted a despegarse?
- ¿Qué lo hace añorar más posesiones y poder? ¿Por qué siempre parece que queremos sólo una cosa más para añadirla a nuestro "montón de cosas"?

Oración

Te buscamos con un corazón sincero, Oh Dios, y anhelamos limpiar nuestro corazón de todo lo que nos mantiene lejos de Ti. Ahora oramos por la gracia de ser despegados de las posesiones y del dinero para que nuestros corazones tengan espacio en ellos para Ti. Oramos para que los pobres y los marginados de la sociedad también puedan encontrar un lugar en nuestros corazones y en nuestros bolsillos. Que tu Espíritu mueva en nosotros el deseo de compartir lo que tenemos y de cuidar a todos los pueblos de la tierra. Hacemos esta oración por Cristo, nuestro Señor. Amén.

Sesión Siete

HONESTIDAD: 8VO MANDAMIENTO

BASADO EN LOS ARTÍCULOS 2464-2503 DEL *CATECISMO DE LA IGLESIA CATÓLICA*. PARA LEER UN RESUMEN DE ESTA SECCIÓN, CONSULTE LOS ARTÍCULOS 2504-2513 DEL *CATECISMO*.

Introducción

La veracidad es la virtud que consiste en mostrarse verdadero en los actos y veraz en las palabras. El respeto por la reputación y el honor de las personas prohíbe todo chisme, y el hablar mal de los demás, incluso si es una declaración verdadera. El mentir consiste en decir lo que es falso con la intención de engañar al prójimo. El sello sacramental es inviolable. Los secretos profesionales deben ser guardados. Confidencias perjudiciales a otros no deben ser divulgadas.

Sagrada Escritura

LECTOR: Lectura del Santo Evangelio según San Mateo

Ustedes también han oído que se dijo a sus antepasados: "No jurarás falsamente y cumplirás los juramentos hechos al Señor". Pero yo les digo que no juren de ningún modo: ni por el cielo, porque es el trono de Dios; ni por la tierra, porque es el estrado de sus pies; ni por Jerusalén, porque es la ciudad del gran Rey. Tampoco jures por tu cabeza, porque no puedes hacer que ni uno solo de tus cabellos se vuelva blanco o negro. Cuando ustedes digan "sí", que sea realmente sí; y cuando digan "no", que sea no. Cualquier cosa de más, proviene del maligno.
(MATEO 5:33-37)

LECTOR: Palabra del Señor

TODOS: Gloria a Ti, Señor Jesús

PARTE I ✦ *LOS ARTÍCULOS 2464-2474 DEL CATECISMO*

Apertura, honestidad, amor y bondad

[1] "No darás falso testimonio contra tu prójimo", nos dice el libro del Éxodo en el capítulo 20, versículo 16. Este mandamiento nos llama a ser testigos de la verdad, a representarla lo más exactamente posible tanto de palabra como de obra. Nuestras buenas relaciones en la vida dependen de hacerlo así y también el bien común depende de nuestro compromiso con la verdad.

[2] La raíz de este mandamiento se encuentra en Dios cuya palabra es verdad, cuya ley es verdad y quien ciertamente es el único y verdadero Dios. En Jesucristo toda la verdad quedó manifestada, para que toda persona que creyera en Cristo no permaneciera en las tinieblas.

[3] Las obras y palabras que se hacen en la oscuridad esconden la verdad; pero Jesús hizo esta promesa, que encontramos en el capítulo 8 del Evangelio de San Juan, a todas las personas que habían creído en él: "Si permanecen fieles a mi palabra, ustedes serán verdaderamente mis discípulos; así conocerán la verdad y la verdad los hará libres". En efecto, Jesús envió después al Espíritu de Verdad como nuestra guía y nuestro auxilio, que vive en nuestro corazón y nos enseña.

[4] Creemos que, por naturaleza, nosotros los humanos tendemos a vivir en busca de la verdad. También tenemos una obligación moral de decir la verdad y de adherirnos a ella una vez entendida. Esto es, nuestras acciones deben reflejar la verdad y nuestras palabras deben ser veraces siempre.

Creemos

La verdad es la virtud por la que nos mostramos ciertos en obras y palabras, evitando la duplicidad, las verdades a medias y la hipocresía.

[5] Debemos hablar con sinceridad y franqueza sobre aquello que sabemos que es verdad, pero al mismo tiempo debemos comunicar amor y bondad al expresarlo. Esto significa que debemos evitar y precavernos contra el engaño; contra el chisme, aunque lo que digamos sea verdad; contra el disfrazar lo que es verdad; y contra la falta de sinceridad en nuestras relaciones con los demás.

[6] Debemos tenernos una confianza recíproca para aceptar lo que escuchamos de la otra persona como verdad. Pero no todo lo que es verdad debe ser expresado; algunas cosas han de guardarse en secreto, y ha de usarse la discreción y la caridad, sobre todo en cuanto a los secretos de los demás.

[7] En la Primera Carta de San Juan se nos recuerda cómo debe ser nuestra vida cristiana. Así nos dice el capítulo 1, versículo 5 y 6: "Dios es luz y no hay en él oscuridad alguna. Si decimos que estamos en comunión con él, y andamos en la oscuridad, mentimos y no practicamos la verdad".

Acerca de lo que creemos

[8] Cuando se nos pide hablar en público acerca de lo que creemos, nosotros, los cristianos, estamos obligados a decir la verdad. En efecto, en el juicio ante Pilato, Cristo le dice a Pilato que el había venido al mundo "para dar testimonio de la verdad". Nosotros, que seguimos a Cristo, no podemos hacer menos.

[9] Muchos cristianos durante el transcurso de los siglos han aceptado una muerte de mártires antes que dar falso testimonio de su fe. Hoy día se le ha concedido a la palabra "mártir" nuevos significados, inclusive

se ha sugerido que el someter a actos de violencia a otras personas en el nombre de Cristo, de Alá o de Yahvé, hace mártir a una persona.

[10] Pero para nosotros, los cristianos, mártir es quien da testimonio de la verdad, rechaza renunciar a su fe y acepta lo que sea como resultado. Esto, por ejemplo, pudiera significar no tomar parte en lo que están haciendo tus colegas o amigos, tal como vaguear cuando debes estar trabajando, hacer trampa en vez de estudiar, tomar demasiado sabiendo que es mejor hacerlo con moderación, robar cosas de tu oficina utilizando la excusa más común de que "todos los demás lo hacen".

[11] Defender y dar testimonio de tu fe no significa pararte en una tribuna y predicar a la muchedumbre, sino que es, más bien, el respetar lo que sabes que está correcto, así te vea una sola persona o no te vea nadie.

[12] Significa seguir el camino de Jesús, actuar con apertura, honestidad, amor y bondad; perdonar aun a nuestros enemigos, ser generosos y hospitalarios aun cuando nos resulte difícil. La palabra "mártir" quiere decir literalmente "testigo", y nosotros damos testimonio de nuestra fe cuando vivimos según ella, del todo y todos los días.

Proceso de grupo o personal

- ¿Cómo sabemos lo que es realmente cierto? ¿En qué fuentes de información se puede confiar?
- ¿Cómo está usted llamado a dar testimonio de su fe, o en otras palabras, a ser un mártir?
- ¿En qué situaciones en su sociedad está comprometida o ignorada la verdad?
- ¿Cuándo es más difícil para usted decir la verdad?

PARTE 2 + **LOS ARTÍCULOS 2475-2492 DEL *CATECISMO***

La mentira

[13] En la Carta a los cristianos de Éfeso, el autor nos da una idea clara, en el capítulo 4, versículo 25, de lo que la Iglesia primitiva esperaba de los creyentes: "Por tanto, destierren la mentira; que cada uno diga la verdad a su prójimo, ya que somos miembros los unos de los otros".

[14] Mentir en los tribunales es dar "falso testimonio" y mentir bajo juramento es "perjurio." Ambas mentiras socavan el bien común y le hacen daño al inocente. También pudieran ayudar a dejar en libertad a un culpable, por eso esas mentiras son muy graves.

[15] El juicio temerario ocurre cuando asumimos que algo sobre otra persona es verdad, aun cuando la evidencia de ello es escasa. Somos llamados a estar siempre listos para darles a los demás el beneficio de poner en duda todas las faltas que oigamos acerca de ellos. Debemos excedernos en caridad los unos con los otros.

[16] La maledicencia ocurre cuando hacemos algún comentario derogatorio acerca de alguien a personas que ignoran los hechos. La calumnia ocurre cuando decimos cosas de otras personas, que sabemos que no son ciertas, para dañar su reputación. Esta clase de chismorreo sucede, en general, cuando la persona chismosa necesita realzar su imagen desfavorable; nosotros nunca debemos ser partícipes en nada de esto y asimismo debemos pedirle a los demás que actúen con caridad.

CREEMOS
La regla de oro nos ayuda a discernir si en determinadas situaciones es apropiado revelarle la verdad a quien la pregunta.

[17] La adulación halaga excesivamente a otras personas aun sabiendo que lo que han hecho está mal o que han obrado con falsedad. En general hacemos esto para congraciarnos con alguien, para estar de acuer-

do con ellos o hacernos ver como sus amigos, pero, ¿qué clase de amigo actúa con deshonestidad?

[18] La vanagloria, o la jactancia, ocurre cuando exageramos nuestros logros o ciertos acontecimientos para lucir mejor de lo que somos. O es, sencillamente, llamar la atención hacia nosotros mismos por logros que mejor sería que quedaran en el anonimato.

[19] Mentir es la ofensa más directa contra la verdad. Cuando alguien tiene derecho a saber la verdad y nosotros le hacemos creer otra cosa, ya sea con palabras, acciones o aun con el silencio, nos hacemos culpables del engaño.

[20] Tal comportamiento socava la base del bien común y nuestras relaciones con el prójimo. Si nuestro engaño y nuestra mentira llegan a infligir un daño serio, entonces la ofensa es grave, sobre todo si las consecuencias son funestas. Mentir es una falta contra la justicia y la caridad. Las mentiras hacen verdaderas violencias a los demás, afecta el juicio verdadero de las personas y socava la confianza.

[21] Si somos culpables de mentir, debemos hacer reparación. Esto es, debemos buscar el perdón y reparar el daño lo más posible, sobre todo si nuestra mentira ha dañado la reputación de alguien. También exige enmendar nuestra vida, y comprometernos a decir la verdad, y a actuar con honestidad.

La verdad

[22] El mandamiento de decir la verdad no implica que debamos repetir toda información que oigamos u observemos. Algunas veces, y por caridad, debemos mantener el silencio. Actuar con apertura y honestidad no es suficiente, a no ser que vayan acompañadas del amor y la bondad. Debemos, pues, considerar la seguridad de los demás y el derecho que tienen a la privacidad, así como nuestro deber de evitar el escándalo.

[23] Nunca estamos obligados a revelar la verdad a alguien que no tiene

derecho a conocerla. Y por supuesto que los secretos que se revelan en el sacramento de la reconciliación son sagrados y nunca, ni en ningún momento, se podrán compartir ni insinuar.

[24] Cualquier información confidencial de la vida profesional implica un deber de sigilo parecido. Sin embargo, en los casos en que divulgar la verdad es necesario para el bienestar de las personas afectadas, estamos obligados a revelarla.

[25] Por ejemplo, si por nuestro trabajo profesional sabemos que se le está haciendo daño a alguien o que un niño está siendo abusado, debemos revelar estas cosas a las autoridades pertinentes.

[26] Por regla general, debemos respetarnos recíprocamente la privacidad y debemos alcanzar un equilibrio justo entre la necesidad que tiene el público de conocer las cosas y la dignidad de las personas, así como su derecho a guardar secreto. Incluso los que trabajan en los medios de comunicación no deben ceder a la tentación de revelarle al público detalles de la vida de alguien por puro lucro.

Proceso de grupo o personal

- ¿Cuándo es correcto retener la verdad y cuando es correcto informar lo que sabemos que es verdad? ¿Es aceptable mentir?
- Hay momentos en los que simplemente debemos guardar silencio sobre lo que sabemos. ¿Cuándo son esos?
- Hay otros momentos en los que estamos obligados a hablar de lo que hemos visto y oído. ¿Cuándo son esos?

PARTE 3 ✚ **LOS ARTÍCULOS 2493-2503 DEL *CATECISMO***

Los medios de comunicación

[27] ¡Hoy día vivimos en una explosión de medios de comunicación! La persona promedio recibe hoy más información en el periódico metropolitano de un solo día, ¡que la que alguien del siglo diecisiete recibió durante toda su vida! Y con la llegada de la Internet, más y más información de la que recibimos viene de fuentes dudosas o desconocidas. ¿En qué podemos confiar?

[28] Y lo que es más, todos estos medios y esta clase de información de hoy desempeñan un papel importante en la formación de la opinión pública y en la promoción cultural. El principio que se debe seguir respecto a los medios de comunicación es éste: Todos los medios sociales de comunicación están al servicio del bien común. La sociedad tiene el derecho a la verdad y, dentro de los límites que ya hemos expuesto respecto a la caridad y la justicia, tiene el derecho a toda la verdad.

[29] La solidaridad social es un gran valor cristiano y se construye al compartir el conocimiento en común. Las ideas deben circular libremente y las personas deben tener el derecho a expresarse, aunque lo que digan sea contrario al gobierno. Parte de la responsabilidad de que los medios de comunicación sean honestos descansa en los usuarios.

[30] Los usuarios tienden a tomar una actitud pasiva y a aceptar todo lo que se reporta sin cuestionar nunca las fuentes o los hechos. Y parte de la responsabilidad por esto descansa en los periodistas. Éstos deben reportar la verdad, sin recurrir nunca al chisme ni a la difamación, y respetando siempre el derecho a la privacidad de las personas.

CREEMOS
La sociedad tiene derecho a saber la verdad, a vivir en libertad, y a un trato justo en todos los asuntos económicos y políticos.

[31] Y parte de esta responsabilidad cae sobre la autoridad civil. En primer lugar, los funcionarios de la autoridad civil deben conducirse ellos mismos, y conducir su gobierno, con apertura y honestidad. Segundo, deben promulgar leyes que protejan la libertad de palabra y la corriente de información.

[32] Tercero, deben informar regularmente y públicamente acerca de la función que desempeñan y no deben atentar manipular la opinión pública con verdades a medias, deducciones y "desinformaciones". Toda forma de gobierno que suprima la información, que castigue a las personas por sus ideas o que manipule a los testigos en los procesos públicos, actúa gravemente y erróneamente.

Verdad, belleza y arte
[33] Algunas veces la verdad es tan sublime y maravillosa que nos hace "enmudecer". No hay palabras para expresar la profundidad o la magnitud de la verdad que conocemos. El amor es así. ¿Cómo expresas el amor? Las profundidades del corazón humano no pueden expresarse con palabras; igual sucede con las elevaciones de nuestra vida espiritual o con el Misterio de Dios.

[34] Nosotros, los humanos, expresamos también nuestras verdades de otras formas, además de con palabras y acciones. Una de estas formas es la expresión artística. Pensándolo bien, hay que darse cuenta que el arte es característicamente humano.

[35] Los animales y las plantas, con toda su belleza, no pueden expresarse a través del arte, esto es, no pueden pintar o dibujar, escribir obras de teatro o componer canciones, componer poesías o hacer esculturas,

entre otras formas de expresión. Y del mismo modo que buscar las necesidades de la vida es algo universal, así también el arte es universal dentro de la familia humana.

[36] Hablamos con el lenguaje del arte cuando las palabras ordinarias nos fallan. Los ritos litúrgicos son una forma de ese arte, manifestado con velas, incienso, libros sagrados, ornamentos, procesiones, gestos y libretos: es "el teatro de lo sagrado".

[37] El arte le da expresión a las emociones más profundas de nuestro ser. El arte es trascendente, misterioso y espiritual. El arte sacro tiene un papel especial en la oración, pero todo arte que manifieste la verdad es sagrado. Por esta razón los párrocos y los obispos deben promover y respetar el verdadero arte, antiguo y nuevo, en todas sus formas.

Proceso de grupo o personal

- ¿Cómo podemos asegurar que los medios de comunicación, el gobierno y las artes realmente reflejen la verdadera verdad?

- ¿Cómo sabe usted lo que es cierto cuando oye o lee las noticias? ¿En quiénes confía para que le digan la verdad en cada situación?

Oración

Oh Dios, Tú nos creaste y nos conoces. Tú sabes lo que hay en lo más profundo de nuestros corazones. Envía tu Espíritu a nosotros ahora, el Espíritu de la verdad y de la bondad, de la apertura y de la honestidad. Que siempre actuemos con la dignidad que Tú nos has dado como seres humanos. Que podamos tratarnos unos a otros con la misma caridad con la que esperamos ser tratados nosotros mismos. Y que tu verdad resida en nuestros corazones, ahora y siempre. Amén.